Секогаш зборувај

со изворниот

глас

*"Кон Оној, Кој што јава
по највисоките Небеса,
што се уште од искона;
почуј,
Тој зборува со Својот глас,
Својот силен глас."
(Псалм 68:33)*

Секогаш зборувај со изворниот глас

Др. Џерок Ли

Секогаш зборувај со изворниот глас од Др. Церок Ли
Објавено од страна на Урим Книги
(Претставник: Киунгтае Хох)
73, Yeouidaebang-ro 22-gil, Dongjak-gu, Seoul, Korea
www.urimbooks.com

Сите права се задржани. Оваа книга или некои нејзини делови, не смеат да бидат репродуцирани во било која форма, да се чуваат во обновувачки систем, или да бидат пренесувани во било каква форма или преку било какви средства, електронски, механички, преку фотокопирање, снимање или на некој друг начин, без претходна писмена дозвола од страна на издавачот.

Ако не е наведено поинаку, сите цитати од Светото Писмо се земени од Светата Библија, НОВА АМЕРИКАНСКА СТАНДАРДНА БИБЛИЈА (NEW AMERICAN STANDARD BIBLE, ®, Авторско Право © 1960, 1962, 1963, 1968, 1971, 1972, 1973, 1975, 1977, 1995 од страна на Локман Фондацијата. Употребени со дозвола.

Авторско право © 2015 Др. Церок Ли
МСБК (ISBN): 979-11-263-1208-5 03230
Преведувачко Авторско Право © 2013 Др. Естер К. Чанг.
Употребено со дозвола.

За прв пат објавено во септември, 2023

Претходно објавено на Кореански, во 2011, од Урим Книги, во Сеул, Кореја

Уредено од страна на Др. Геумсун Вин
Дизајнирано од страна на
Отпечатено од страна на Prione Printing

Порака кон изданието

Со надеж дека читателите ќе ги примат одговорите и благословите преку изворниот глас, којшто е исполнет со делата на создавањето...

На овој свет постојат голем број на звуци. Постои убавото црцорење на птиците, невиното смеење на бебињата, возкликот на толпата луѓе, звукот на бензинските мотори и звукот на музиката. Ова се звуците, коишто се наоѓаат во рамките на опсегот на фрекфенциите, кои можат да се слушнат, а постојат и други звуци, како на пример ултра-звуците, коишто луѓето не можат да ги чујат.

Ако фрекфенцијата на звукот е премногу висока, или премногу ниска, нема да можеме да го чуеме, иако тој вистински ќе постои. Понатаму, постојат некои звуци коишто можеме да ги чуеме единствено со нашите срца. На пример, звукот на нашата совест. А кој би бил најубавиот и најсилен звук? Тоа е 'Изворниот глас' со којшто зборувал Богот Создателот, Кој што е изворот на сѐ.

"Кон Оној, Кој што јава по највисоките Небеса, што се

уште од искона; Почуј, Тој зборува со Својот глас, Својот силен глас" (Псалм 68:33).

"...и ете, славата на Богот Израелев доаѓаше од исток. И гласот Негов беше како татнежот на големите води;а земјата блескаше од Неговата слава" (Езекел 43:2).

На почетокот, Бог го покривал целиот универзум како Светлина, што во себе го содржела моќниот глас (1 Јован 1:5). Потоа, Тој ја испланирал 'човечката култивација' за да може да се здобие со вистинските чеда, со кои ќе може да ја споделува вистинската љубов, па затоа почнал да егзистира како Свето Тројство, како Богот Отецот, Синот, и Светиот Дух. Изворниот глас се содржел во Синот и во Светиот Дух, исто онака, како што се содржел и во Богот Отецот.

Кога дошол погодниот момент за тоа, Светото Тројство прозборувало со изворниот глас, за да ги создаде Небесата и Земјата, и сите нешта што се во нив. Тој рекол, "Нека биде светлина," "Нека се соберат на едно место, водите под небесата, и нека се појави копно" "Нека изникне зеленило по земјата, растенија што даваат семе, и плодоносни дрвја, кои – секое по родот свој, ќе носат плодови на земјата, со семето во нив," "Нека се појават светила на сводот небесен, за да го разделат денот од ноќта," "Водата нека се исполни со живи суштества, а птици нека полетаат по сводот небесен, над земјата" (Битие 1:3; 1:9; 1:11; 1:14; 1:20).

Затоа, сите создадени нешта можат да го чујат изворниот

глас, којшто бил кажан од страна на Светото Тројство, којшто ги надминува просторот и времето, и да му се покоруваат. Во Четирите Евангелија, дури и неживите нешта, како што се ветрот и брановите, се смирувале кога ќе го чуеле гласот на Исуса, Кој што зборувал со изворниот глас (Лука 8:24-25). Кога Тој му кажал на парализираниот човек, "Простени ти се греговите твои" и "Стани, земи си ја постелата своја, и оди си дома" (Матеј 9:6), тој веднаш станал и си отишол дома. Оние кои што посведочиле на оваа сцена, доживеале шок на стравопочитување и почнале да Го прославуваат Бога, Кој што му го дал таквото овластување на човекот.

Јован 14:12 гласи, "Вистина, вистина ви велам, кој верува во Мене, делата што ги правам Јас, ќе ги прави и тој, исто така; дури и поголеми нешта ќе прави; затоа што Јас одам кај Отецот Свој." Како тогаш, можеме денес да ги доживееме делата на изворниот глас? Во книгата Дела, можеме да прочитаме дека луѓето биле употребувани како инструменти од страна на Бога, за да може преку нив да ја манифестира Својата сила, но сѐ до она ниво, до коешто ќе успеат да го исфрлат злото од своите срца, и да ја култивираат светоста во себе.

Петар му кажал на човекот, кој што не можел да оди од своето раѓање, да стане и прооди во името на Исуса Христа од Назарет. Тогаш тој станал и проодел, па дури и потскокнувал. Кога ѝ рекол на Табита, која што била мртва,

"Стани," таа веднаш оживеала. Апостолот Павле го оживеал младиот човек по име Евтихиј, а кога марамчињата или престилките на коишто паднала неговата сенка, им се носеле на болните луѓе, тие оздравувале и се исцелувале. Кај оние кои што биле опседнати со демони, злите духови веднаш ги напуштале.

Ова дело Секогаш зборувај со изворниот глас, е последната книга од серијата 'Светоста и силата'. Тука ви е прикажан начинот на којшто ќе можете да ја доживеете силата на Бога, преку изворниот глас. Постои исто така и вовед во вистинските дела на силата Божја, така што читателот ќе може ги примени овие принципи во својот секојдневен живот. Исто така има и 'Примери од Библијата' што ќе им помогнат на читателите во сваќањето на духовниот свет и принципите преку кои можат да ги примат одговорите на своите молитви.

Им оддавам благодарност на Геумсун Вин, Директорот на Уредувачкото Биро, и на неговиот персонал, молејќи се во името на Господа, што повеќе луѓе да ги примат одговорите и благословите, доживувајќи го изворниот глас, преку кој може да се манифестираат делата на создавањето.

Церок Ли

Предговор

Заедно со растот на црквата, Бог ни дозволи да ги одржуваме "Двоседмичните постојани, специјални оживувачки состаноци" во периодот од 1993 до 2004. Тоа се случуваше, затоа што Бог сакаше да им дозволи на членовите на црквата, да се здобијат со духовна вера, и да можат да погледнат во димензиите на добрината, светлината, љубовта и силата на Бога. Како што поминуваа годините, Бог им дозволуваше да ја доживеат силата на создавањето во своите животи, силата којашто ги надминува просторот и времето.

Пораките коишто се проповедаа на овие оживувачки состаноци, беа собрани во сериите 'Светоста и силата'. Секогаш зборувај со изворниот глас ни зборува за некои длабоки духовни нешта, за коишто немавме широко познавање, како што се: потеклото на Бога; оригиналните

Небеса; делата на силата што се манифестираат преку изворниот глас, и како да ги доживееме истите во нашите секојдневни животи.

Поглавјето 1, 'Потекло' ни објаснува за тоа Кој е Бог, како постоел, и како и зошто ги создал човечките суштества. Поглавјето 2 'Небеса' ни го објаснува фактот дека постојат многу Небеса, и дека Бог владее со нив. Продолжува со тврдењето дека можеме да ги примиме одговорите за сите проблеми, само ако веруваме во Бога, преку примерот на Нееман, генералот од Арам. Поглавјето 3, 'Светото Тројство' ни кажува за тоа зошто изворниот Бог ги разделил просторите и почнал да егзистира како Свето Тројство, и која е улогата на секој од Тројството.

Поглавјето 4, 'Правда' дискутира за правдата Божја, и за тоа како можеме да ги примиме одговорите, во согласност со таа правда. Поглавјето 5, 'Покорност' ни кажува за Исуса, Кој што целосно им се покорувал на зборовите Божји, и ни укажува на тоа дека и ние мораме да му се покоруваме на Словото Божјо, ако сакаме да ги доживееме делата Божји. Поглавјето 6, 'Вера' ни открива дека иако сите верници кажуваат дека веруваат, сепак постојат разлики во нивото на примените одговори, и нѐ поучува што треба да направиме, за да ја покажеме таквата вера, што ќе може да ја заслужи целосната доверба од Бога.

Поглавјето 7, 'Кој мислите дека сум Јас?' ни зборува за начинот на којшто ќе можеме да ги примиме одговорите, покажувајќи ни го примерот на Петар, кој што го примил ветувањето за благослов, кога се исповедал дека Исус е Господ, и го чувствувал тоа во длабочината на своето срце. Поглавјето 8 'Што сакате да сторам за вас?' чекор по чекор ни го објаснува процесот, кога слепиот човек го примил одговорот. Поглавјето 9 'Ќе ви биде онака, како што сте верувале' ни ја покажува тајната поради која стотникот го примил одговорот, и ни претставува некои примери од вистинскиот живот, што се случиле во нашата црква.

Преку оваа книга, се молам во името на Господа, сите читатели да го сватат потеклото на Бога и делата на Светото Тројство, да примат сѐ што ќе побараат, преку својата покорност и вера, што се во согласност со правдата Божја, за да можат да му ја оддаваат славата на Бога.

Април, 2009
Геумсун Вин,
Директор на Уредувачкото Биро

Содржина

Порака кон изданието

Предговор

Глава 1	Потекло	· 1
Глава 2	Небеса	· 17
Глава 3	Свето Тројство	· 35

Примери во Библијата I

Настаните што се случиле
кога портите на Вторите Небеса се отвориле во
Првите Небеса

Глава 4	Правда	· 55
Глава 5	Покорност	· 73
Глава 6	Вера	· 91

Примери од Библијата II
Третите Небеса и просторот
од третата димензија

Глава 7	А вие што велите, Кој сум Јас?	· 109
Глава 8	Што сакаш да сторам за тебе?	· 125
Глава 9	Ќе ти биде онака, како што си верувал	· 141

Примери од Библијата III
Силата на Бога, Кој што
ги поседува Четвртите Небеса

Глава 1 Потекло

> Ако го сватиме потеклото на Бога
> и како настанал човечкиот род,
> ќе можеме во целост да ја исполниме
> должноста на човекот.

Потеклото на Бога

Изворниот Бог ја планирал човечката култивација

Ликот на Светото Тројство

Бог ги создал луѓето, за да се здобие со вистински чеда

Потеклото на луѓето

Семето на животот и зачнувањето

Семоќниот Бог Создател

"Во почетокот беше Словото, и Словото беше во Бога, и Словото беше Бог."

(Јован 1:1)

Денес, голем број на луѓе ги бараат безначајните нешта, бидејќи не им е познат изворот на универзумот или вистинскиот Бог, Кој што владее над сите нешта. Луѓето си прават што ќе си посакаат, затоа што не ја сваќаат причината зошто живеат тука на земјата – а тоа значи дека не ги познаваат вистиската цел и вистинската вредност на животот. Ги живеат своите животи нишајќи се како тревата на ветрот, само затоа што не го познаваат изворот од каде што потекнуваат луѓето.

Сепак, би можеле да веруваме во Бога и да го живееме животот исполнувајќи ја 'целосната должност' на човекот, само ако го сватиме изворот на Светото Тројство и како луѓето почнале да егзистираат. Па тогаш, кое е изворното потекло на Светото Тројство, на Отецот, Синот и на Светиот Дух?

Изворното потекло на Бога

Јован 1:1 ни кажува за Бога во почетокот, имено за изворното потекло на Бога. Кога бил 'почетокот' тука? Тоа било уште пред вечноста, кога не постоел никој друг освен Богот Создателот, во целиот простор на универзумот. Сите простори од универзумот, не се однесува само на видливиот универзум. Освен просторот на универзумот во којшто ние егзистираме, постојат и други непоимливи и немерливи простори, исто така. Во целиот универзум, вклучувајќи ги и сите тие простори, Богот Создателот постоел сам, уште пред вечноста.

Бидејќи сето што е на земјата има свој крај и почеток, повеќето од луѓето не можат така лесно да го сватат концептот на изразот 'пред вечноста'. Можеби Бог можел да каже, "Во почетокот беше Бог," но зошто рекол, "Во почетокот беше Словото"? Причината лежи во тоа што тогаш Бог немал 'форма' или 'појава' какви што има сега.

Луѓето од овој свет имаат ограничувања, па затоа секогаш сакаат некој вид на суштинска форма или облик, за да можат да ги видат или допрат нештата. Затоа се оддаваат на правењето различни идоли коишто ги обожуваат. Но, како можат тие од човек направени идоли, да станат богови кои што ги создале Небесата и земјата, и сите нешта во нив? Како можат да станат богови кои што ги контролираат животот, смртта, среќата и несреќата, па и човечката историја?

Бог на почетокот постоел како Слово, но бидејќи луѓето треба да го сватат постоењето на Бога, Тој се вообличил во форма. Па тогаш како постоел Бог, Кој што на почетокот бил Словото? Тој постоел како прекрасна светлина и чудесен звук. Немал никаква потреба за име или облик. Тој постоел како Светлина, којашто го носи во себе звукот и којашто владее над сите простори во универзумот. Како што Јован 1:5 ни кажува дека Бог е Светлина, Тој ги опсипал сите простори од универзумот со Светлината, којашто во себе го носела звукот, т.е. гласот којшто е 'Словото' спомнато во Јован 1:1.

Изворниот Бог ја испланирал култивацијата на луѓето

Кога дошло времето за тоа, Бог, Кој што егзистирал како Словото во почетокот, направил еден план. Тоа бил планот за 'човечката култивација'. Просто кажано, тоа бил план за создавање на луѓето и за нивно множење, за да може потоа еден одреден број од нив, да станат вистински чеда Божји, кои што ќе наликуваат на Бога. Тогаш Бог би ги земал во Кралството Небесно, каде што заедно ќе можат да живеат среќен живот во вечноста, споделувајќи ја љубовта со Него.

Откако го смислил овој план, Бог почнал да го спроведува, чекор по чекор. Како прво, Тој го поделил целиот универзум. За просторот подетално ќе објаснам во второто поглавје. Всушност, сите простори порано биле само еден простор, а Бог го поделил на повеќе делови, во согласност со потребите на човечката култивација. По оваа поделба на единечниот простор на повеќе помали, се случил еден многу важен настан.

Пред почетокот постоел Еден Бог, но Тој Бог потоа почнал да егзистира како Свето Тројство на Отецот, Синот и Светиот Дух. Тоа било нешто како Богот Отецот да им дава рождество на Богот Синот и на Светиот Дух. Поради оваа причина во Библијата се пишува за Исуса, како за единиствениот еднороден Син Божји. А во Евреите 5:5 "Ти си Син Мој, Јас Те родив денес."

Богот Синот и Богот Светиот Дух ги поседуваат истото срце и истата сила, бидејќи потекнуваат од Едниот Бог. Светото Тројство е исто во сѐ. Поради оваа причина, во Филипјаните 2:6-7 се кажува за Исуса, "...Кој, иако постоеше во Божјо обличје, не сметаше дека треба да го грабне правото што е еднаков со Бога, туку Сам Себеси се понизи, па земајќи лик на слуга, се изедначи со луѓето, и по изглед се покажа како човек."

Ликот на Светото Тројство

Во почетокот, Бог егзистирал како Словото, коешто постоело во Светлината, но потоа, заради добробитта на човештвото и неговата култивација, го земал обликот на Светото Тројство. Можеме да го замислиме ликот на Бога, ако помислиме на сцената каде што Бог го создва човекот. Битие 1:26 гласи, "Ајде да направиме човек, според Нашиот лик, според Нашата сличност; па нека владее над рибите морски, и над птиците небесни, и над добитокот, и над сета земја, и над сите суштества што ползат по земјата." Во овој дел, 'Ние' се однесува на Светото Тројство на Отецот, Синот и Светиот Дух, и можеме да сватиме дека ние самите сме биле создадени според ликот на Богот Светото Тројство.

Кажано е, "Ајде да направиме човек според Нашиот лик, според Нашата сличност," и преку тоа можеме да сватиме и разбереме, каков бил ликот што Богот Светото Тројство го имал. Се разбира, создавањето на човекот според ликот Божји, се однесува не само на нашата надворешна појава, која наликувала на Бога. Човекот бил создаден според ликот Божји и во внатрешноста исто така; внатре тој бил исполнет со добрина и вистина.

Но првиот човек Адам згрешил со својата непослушност и непокорност, па затоа го загубил првиот лик којшто му бил даден кога бил создаден. Тој станал расипан и извалкан со дамките на гревовите и злото. Па така, ако навистина сватиме дека нашите тела и срца биле создадени според ликот Божји, би требало да се трудиме да го вратиме тој изгубен лик.

Бог го создал човекот, за да се здобие со вистински чеда Божји

По разделбата на просторот на повеќе делови, Светото Тројство, едно по едно, почнало да ги создава неопходните нешта за човекот. На пример, Тој немал потреба за Свое место на живеење, кога егзистирал како Светлина и Глас. Но откако го земал обликот, се родила потребата за место за живеење, а и за ангелите и Небесната армија, кои што ќе Му служат. Значи прво ги создал духовните битија во духовниот свет, а потоа ги создал сите нешта во универзумот, во којшто ние егзистираме.

Се разбира дека не ги создал Небесата и Земјата од нашиот простор, веднаш откако ги создал сите нашта од духовниот свет. Откако Светото Тројство го создало духовниот свет, Тоа живеело со Небесната армија и ангелите таму, во текот на неизмерливо долг временски период. По тој долг период, Тој ги создал сите нешта од физичкиот простор. Па откако ги создал сите нешта во средината во која човечките битија можеле да живеат, Тој го создал човекот според Својот Сопствен лик.

Која била причината, поради која Бог ги создал луѓето, кога веќе имал безброј ангели и Небесна армија, кои што Му служеле? Сето тоа било поради желбата да се здобие со вистински чеда Божји. Вистински чеда се оние кои што наликуваат на Бога и кои што можат да ја споделуваат вистинската љубов со Него. Освен неколкуте специјални, Небесните битија и ангелите безусловно Му се покорувале и Му служеле на Бога, нешто налик на роботите. Ако помислите на родителите и децата, сигурно знаете дека ниту еден родител не би сакал да поседува роботи наместо своите чеда. Тие си ги сакаат своите чеда, бидејќи можат да ја споделуваат својата љубов со нив, на доброволна база.

Човечките суштества имаат можност да Му се покоруваат и да Го сакаат Бога, според својата слободна волја. Се разбира, луѓето не можат да го разберат срцето на Бога и да ја споделуваат љубовта со Него, веднаш по самото нивно раѓање. Претходно тие мораат да доживеат многу нешта, растејќи и развивајќи се, за да можат да ја почувствуваат љубовта Божја, и да ја сватат целосната должност на човекот. Само луѓето кои што тоа ќе го почувствуваат, ќе бидат во состојба да Го сакаат Бога со сето свое срце и според својата слободна волја.

Таквите личности не Го сакаат Бога бидејќи се присилени на тоа. Тие не Му се покоруваат на Словото Божјо заради страв од одмазда. Тие едноставно Го сакаат Бога и Му ја оддаваат благодарноста, според својата слободна волја. И таквото нивно однесување не се менува. Бог ја испланирал човечката култивација заради добивањето на вистинските чеда, со кои би можел да ја споделил Својата љубов, давајќи ја од сѐ срце и примајќи ја иста. За да може такво нешто да се случи, Тој прво го создал Адама, првиот човек.

Потеклото на луѓето

Какво е потеклото на луѓето? Битие 2:7 гласи, "И ГОСПОД Бог го создаде човекот од правот земен, и му го вдиша во ноздрите здивот на животот; и човекот стана живо битие." Па така, луѓето се специјални суштества што ги надминуваат сите нешта, за кои зборува Дарвиновата еволуција. Човечките битија не еволуирале од пониските животни форми, како на пример од животните, и потоа да стигнат до денешниот стадиум. Луѓето биле создадени спред ликот на Бога, и Бог бил Тој, Кој што им го вдишал здовот на животот во нив. Тоа значи дека и духот и телото, потекнуваат од Бога.

Затоа луѓето претставуваат духовни битија, што доаѓаат одозгора. Не смееме да си мислиме за себеси дека сме нешто понапредни животни од другите животни. Ако погледнеме на фосилите коишто теоријата на еволуцијата ни ги претставува, ќе видиме дека нема преодни фосилни форми, што би можеле да ги поврзат различните видови. Од друга страна пак, постојат голем број на докази за созавањето.

На пример, сето човештво има две очи, две уши, еден нос и една уста. И тие се лоцирани на истото место кај сите. Тоа не се однесува само на човештвото. Сите видови на животни, исто така, скоро сите ја имаат оваа структура. Тоа е доказот дека сите суштества се дизајнирани од Едниот Создател. Освен ова, фактот што сите нешта во универзумот се одвиваат според еден перфектен ред, без и најмала грешка, е уште поголем доказ за создавањето од страна на Бога.

Денес луѓето си мислат дека човечките суштества еволуирале од животните, па затоа не можат да сватат од каде потекнуваат и зошто го живеат животот тука. Но, откако ќе сватат дека се свети битија и дека биле создадени според ликот Божји, ќе бидат во можност да сватат Кој е нивниот Отец. Потоа природно ќе го живеат својот живот според Неговото Слово и ќе наликуваат на Него.

Можеби си мислиме дека нашиот татко е нашиот физички татко. Но ако одиме по генеалошкото дрво на потеклото, нашиот прв физички татко бил првиот човек,

Адам. Па сходно на тоа ќе можеме да сватиме дека Богот Отецот, Кој што ги создал човечките суштества, е нашиот вистински Отец. Изворно, семето на животот било дадено од Бога. Па според тоа, нашите родители само ги позајмиле своите тела, како еден вид на инструменти, за да може тоа семе да се спои и да може да дојде до нашето зачнување.

Семето на животот и зачнувањето

Бог е Тој, Кој што го дава семето на животот. Тој им ги дал спермата на човекот и матката на жената, за да можат да зачнат и да дадат рождество на децата. Сходно на тоа, човекот не може да роди деца само според својата способност. Бог е Тој, Кој што им го дал семето на животот, за да можат да зачнат и родат.

Семето на животот во себе ја содржи силата на Бога, преку која можат да се формираат сите органи кај човекот. Тие се толку мали, што се невидливи со голо око, но во нив се вплотени карактерот, обичаите и животната сила. Па така, кога се раѓаат децата, тие наликуваат на своите родители.

Ако на човекот му е дадена оваа можност уште со самото раѓање, зошто тогаш постојат неплодни двојки, кои што се мачат со години да зачнат? Чинот на зачнувањето Му припаѓа единствено на Бога. Денес се прави вештачко оплодување по клиниките, но лекарите никогаш не можат да создадат сперма или матка. Таквата сила на создавањето, Му припаѓа единствено на Бога.

Голем број од верниците, не само во нашата црква, туку и во црквите од другите земји, ја имаат доживеано оваа сила на создавањето на Бога. Имаше голем број на двојки, коишто не можеа да имаат деца подолг временски период од нивниот брачен живот, некои дури и по 20 години. Се обидувале со сите можни методи, но тоа не дало никаков резултат. Но откако ќе ја примеа молитвата, голем број од нив зачнуваа и раѓаа здрави деца.

Пред неколку години, една брачна двојка којашто жиееше во Јапонија, присуствуваше на оживувачкиот состанок тука кај нас, и ја прими мојата молитва. Не само што се излекуваа од својата болест, туку и го примија благословот на зачнувањето. Таквите вести многу бргу се раширија, па голем број луѓе од Јапонија дојдоа да ја примат мојата молитва. И тие го примија благословот на зачнувањето, во согласност со својата вера. Ова со текот на времето доведе до отворање на граночни цркви во тој регион.

Семоќниот Бог Создател

Денес можеме да го видиме развојот на софистицираната медицинска наука, но создавањето на животот, може единствено да биде можно преку силата на Бога, на Него, Кој што владее над сиот живот. Преку Неговата сила, оние кои што го испуштиле својот последен здив, повторно биле вратени во живот; оние од кои што модерната медицина се откажала, го примиле исцелувањето; преку неа се лекуваат голем број на неизлечиви болести, што модерната медицина не може да ги излекува.

Изворниот глас изречен од Бога, може да создаде нешто од ништо. Преку него може да се манифестираат делата на силата, за којашто ништо не е невозможно. Римјаните 1:20 гласи, "Па и Неговите невидливи својства, Неговата вечна сила и Божествената природа, можат да се согледаат уште од создавањето на светот, набљудувани преку Негивите дела, па така тие немаат изговор." Само преку гледањето на овие нешта, можеме да ја видиме силата и Божествената природа на Бога Создателот, Кој што е изворот на сите нешта.

Ако луѓето се обидат да го разберат Бога во рамките на опсегот на своето знаење, дефинитивно ќе се соочат со ограничувања. Затоа голем број на луѓе не веруваат во зборовите напишани во Библијата. Исто така, некои од нив кажуваат дека веруваат, но не веруваат во сето Слово од Библијата во целост. Поради тоа што Исус ја знае оваа ситуација кај луѓето, Тој го потврдувал Словото што го проповедал со безброј манифестации на силата Божја. Тој рекол, "Ако вие луѓето не видите знаци и чудеса, едноставно нема да поверувате" (Јован 4:48).

Ист е случајот и денес. Бог е семоќен. Ако веруваме во семоќниот Бог и во целост се потпреме на Него, сите проблеми ќе ни бидат решени, и сите болести ќе бидат излекувани.

Бог почнал да ги создава сите нешта со Своето Слово, кажувајќи, "Нека биде светлина." Кога ќе се зборува со изворниот глас на Богот Создателот, слепите прогледуваат, а оние кои што се во инвалидски колички или со патерици, стануваат и потскокнуваат. Се надевам дека ќе ги примите одговорите на своите молитви и желби во верата, кога ќе се изрече изворниот глас на Бога.

Емануел Маралано Јаипен (Лима, Перу)

Ослободен од стравот од СИДАТА

Направив медицински испитувања заради тоа што сакав да се приклучам на армијата во 2001-та година, кога ми соопштија, "Вие сте ХИВ позитивен." Тоа за мене беа сосем неочекувани вести. Се чувствував проколнат.

Не ја сваќав сериозно честата дијареа што ми се јавуваше.

Седнав на столчето и се чувствував беспомошно.

'Како ќе ѝ кажам на мајка ми за ова?'

Чувствував болки и срцето ми беше уште поскршено, кога ќе помислев на мајка ми. Имав сѐ почеста дијареа, и ми се појави мувла на устата и на врвовите од прстите. Стравот од смртта сѐ повеќе почнуваше да ме опфаќа.
Но тогаш слушнав дека моќниот слуга Божји од Јужна Кореја, ќе

дојде во Перу, во декември 2004. Но не верував дека можам да добијам излекување за мојата болест.
Веќе се предадов на судбината, но баба ми силно ме поттикнуваше да одам и да присуствувам на крстоносниот поход. Па така отидов во 'Кампо де марте' каде што се одржуваше Обединетиот крстоносен поход од 2004 година во Перу, на кој проповедаше Пречесниот Др. Церок Ли. Сакав цврсто да се држам до мојата последна надеж.
Телото веќе ми ја чувствуваше воодушевеноста од силата на Светиот Дух, додека ја слушав пораката. Делата на Светиот Дух се манифестираа преку серии од чудеса.

Пречесниот Др. Церок Ли не се молеше за секого поединечно, туку за целата толпа народ. Но сепак голем број на луѓе посведочија дека добиле исцелување. Голем број на инвалиди станаа од своите инвалидски колички и ги отфрлија своите патерици. Голем број, исто така, се радуваа поради излекувањето од неизлечивите, според денешната медицина, болести.

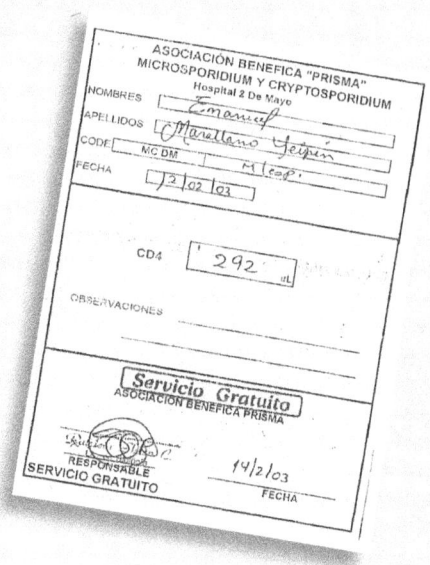

Ми се случи чудо и мене исто така. Отидов до тоалетот по завршувањето на крстоносниот поход, и за прв пат по долг временски период, можев нормално да уринирам. Дијареата ми запре за околу два и пол месеци. Телото го чувствував како многу лесно. Бев сигурен дека сум излекуван, па затоа отидов во болницата, да направам тестирање. Дијагностичките резултати кажуваа CD4 имуно ќелиите драматично ми се зголемиле, што веќе биле во нормален опсег.

СИДАТА (АИДС) е неизлечива болест, што се нарекува модерната Црна Смрт. ХИВ-от постојано ги уништува CD4 имуно ќелиите. Тоа доведува до екстремно ниска функција на имуниот системот, што доведува до други компликации, и на крајот до смрт.
CD4 имуно ќелиите умираа, па навистина е чудо како повторно се обновија преку молитвата од Пречесниот Др. Церок Ли.

Извадок од Невообичаени нешта

Глава 2 Небеса

> Изворниот Бог пребива во четвртите Небеса,
> и владее со сите Небеса,
> Со Првите, Вторите и Третите Небеса.

Повеќе Небеса

Првите Небеса и Вторите Небеса

Еденската Градина

Третите Небеса

Четвртите Небеса, местото каде што пребива Бог

Богот Создателот, Семоќниот

Семоќниот Бог ги надминува ограничувањата на луѓето

Да се сретне Семоќниот Бог Создателот

"Ти си Единствен, ГОСПОДИ. Ти ги создаде Небесата, Небесата над Небесата, и нивната Небесна армија, земјата и сѐ што е на неа, морињата и сѐ што е во нив. Ти го оживуваш сето тоа, и Небесните војски Тебе ти се поклонуваат."

(Неемија 9:6)

Бог е над сите човечки ограничувања. Тој постои од пред вечноста и низ вечноста. Словото во коешто живее е просторот чијашто димензија е во целост различна од димензиите на овој наш свет. Видливиот свет во којшто живеат луѓето е физички свет, а просторот каде што пребива Бог е духовен свет. Духовниот свет дефинитивно постои, но бидејќи не им е видлив на нашите физички очи, луѓето ја имаат тенденцијата да го негираат неговото постоење.

Некој астронаут во минатото рекол, "Патував низ универзумот, но Бог не беше таму." О колку безумна е таа негова изјава! Тој си мислел дека видливиот универзум е сето што постои. Но дури и астрономите можат да кажат дека овој видлив универзум е безграничен. А колку од тој огромен универзум видел овој астронаут, што веднаш го негирал постоењето на Бога? Поради човечките ограничувања, не сме во можност дури ниту да ги објасниме нештата што се во нашиот универзум, во којшто живееме.

Повеќе Небеса

Неемија 9:6 гласи, "Ти си Единствен, ГОСПОДИ. Ти ги создаде Небесата, Небесата над Небесата, и нивната Небесна војска, земјата и сè што е на неа, морињата и сè што е во нив. Ти го оживуваш сето тоа, и Небесните војски Тебе ти се поклонуваат." Тука ни се укажува на фактот дека постојат повеќе Небеса.

Тогаш, колку Небеса всушност постојат? Ако верувате во Кралството Небесно, веројатно си помислувате на две Небеса. Едното е небото, коешто е дел од физичкиот свет, и другото е Кралството Небесно, што е дел од духовниот свет. Но во Библијата повеќепати се спомнуваат повеќе Небеса.

"До Оној, Кој што плови по највисоките Небеса, што се

уште од искона; ете, Тој зборува со Својот глас, со Својот силен глас" (Псалм 68:33).

"Но зар навистина Бог ќе престојува на земјата? Ете, Небесата и Небесата над Небесата не можат да Го опфатат, а камоли овој дом што сум го изградил!" (1 Кралеви 8:27)

"Знам еден човек во Христа, кој што пред четиринаесет години – со тело ли, не знам, без тело ли, не знам, Бог знае – беше грабнат и издигнат до Третите Небеса" (2 Коринтјани 12:2).

Тоа што апостолот Павле бил земен и подигнат до Третите Небеса, укажува на фактот дека постојат Први, Втори, Трети Небеса, и дека може да има уште повеќе, исто така.

Исто така, Стефан во Дела 7:56, рекол, "Ете, ги гледам отворени Небесата, и Синот Човечки како стои од десната страна на Бога." Ако се отворени духовните очи на човекот, тогаш тој ќе биде во можност да го види духовниот свет и да го свати постоењето на Кралството Небесно.

Денес дури и научниците кажуваат дека постојат повеќе неба. Еден од водечките научници во таа област е господинот Макс Тегмарк, кој што го претстави концептот на мултиверзумот во четири нивоа.

Во основа тој ни кажува дека, базирајќи се на космолошките опсервации, нашиот универзум е дел од целосниот универзум, во којшто постојат повеќе универзуми, од коишто секој од нив има сосем различни карактеристики.

Различни физички карактеристики значи дека, карактеристиките на времето и просторот можат да бидат сосем различни едни од други. Се разбира, науката не може да ни објасни сè во врска со духовниот свет. Но, дури и од научен аспект, можеме да фатиме барем летимичен поглед на фактот дека нашиот универзум не е единствен.

Првите Небеса и Вторите Небеса

Повеќето Небеса можат да бидат карактеризирани воопштено во две подкатегории. Постојат Небеса во духовниот свет коишто се невидливи за нашите очи, и постојат небеса во физичкиот свет, во којшто ние го живееме својот живот. Физичкиот универзум во којшто живееме се Првите Небеса, а Вторите па натаму, припаѓаат на духовниот свет. Во Вторите Небеса постојат областа на светлината, каде што е сместена Еденската Градина, и областа на темнината, каде што пребиваат злите духови.

Ефесјаните 2:2 ни кажува дека злите духови се 'кнезот на воздушните сили,' и дека тој 'воздух' припаѓа на Вторите Небеса. Битие 3:24 ни кажува дека Бог, откако го изгонил Адама, поставил на исток од градината Еденска херувим и огнен меч, којшто вртејќи се во секоја насока, го чувал патот до дрвото на животот.

"Откако го изгони Адама; постави на исток пред Градината Еденска херувим и огнен меч, којшто вртејќи се во секоја насока, го чуваше патот кон дрвото на животот."

Но, зошто Бог ги поставил на исток? Тоа е така, затоа што 'истокот' претставува гранична линија помеѓу светот на злите духови и Градината Еденска, што му припаѓала на Бога. Бог ја чувал Градината Еденска, за да го спречи можното навлегување на злите духови во неа, кои потоа би изеле од плодот на дрвото на животот, и би се здобиле со живот вечен.

Пред да вкуси од плодот на дрвото на познавањето на доброто и злото, Адам ја поседувал власта, којашто му била дадена од Бога, да владее над Градината Еденска и над сите нешта во Првите Небеса. Но Адам бил изгонет од Градината, заради прекршувањето и непочитувањето на Словото Божјо, кога изел од плодот на дрвото на познавањето на доброто и злото. Од тој момент па натаму, некој друг требало да ја чува Градината Еденска, каде што се наоѓа дрвото на животот. Затоа Бог сместил херувим со огнен меч којшто се вртел во секоја насока, на местото на Адама, за да ја заштити Градината.

Еденската Градина

Во Битие, поглавје 2, откако Бог го создал Адама од правот земен, Тој ја создал Градината Еденска и го одвел Адама таму. Адам бил 'живо битие' или 'жив дух'. Тој бил живо битие, кое што го примило здивот на животот од Бога. Затоа Бог го донел да живее во Вторите Небеса, коишто се дел од духовниот свет.

Тој исто така го благословил со можноста да владее над сѐ, додека патувал по Земјата, во Првите Небеса. Но откако Адам го извршил гревот на непокороноста кон Бога, неговиот дух умрел и тој повеќе не можел да живее во духовниот свет. Затоа бил изгонет од Градината Еденска.

Па затоа, оние кои што не го сватиле овој факт, сеуште се обидуваат да ја најдат Градината Еденска тука на Земјата. Тие не сваќаат дека Градината Еденска е лоцирана во Вторите Небеса, коишто се дел од духовниот свет, а не од овој наш, физички свет.

Пирамидите во Гиза, Египет, едното од светските чуда, се толку многу софистицирани и големи, што изгледаат како да не се изградени од страна на човечката технологија. Просечната тежина на секое парче камен е околу 2.5 тони, а 2.3 милиони парчиња такви камења ја сочинуваат пирамидата. Од каде ги земале тие камени блокови? А и каков вид на алатки биле употребени за нивната градба во тоа време?

Кој ги има изградено тие пирамиди? На прашањето може лесно да се одговори, ако сватиме колку Небеса и духовни простори постојат. Повеќе детали за тоа се објаснети во предавањата за книгата Битие. Откако Адам бил изгонет од Градината Еденска поради својот непокор, кој останал да живее во Градината?

Во Битие 3:16, откако го извршила својот грев, Бог ѝ кажал на Ева, "Ќе ги умножам многу маките на бременоста твоја, и во маки ќе ги раѓаш децата свои." 'Умножам' означува дека постоеле маки при раѓањето, и дека тие маки ќе бидат многу зголемени. Битие 1:28 ни кажува дека Адам и Ева се 'множеле', што означува дека Ева раѓала додека живеела во Градината Еденска.

Затоа децата кои потекнуваат од Адама и Ева во Градината Еденска, биле безбројни. И тие сеуште живеат таму, дури и откако биле изгонети од таму поради нивните гревови. Но пред гревот на Адама, луѓето од Градината Еденска слободно можеле да патуваат до Земјата, а потоа биле воведени рестрикции.

Концептот на времето и просторот кај Првите и Вторите Небеса, многу се разликува. Постои тек на времето и во Вторите Небеса исто така, но тој не е ограничен како во Првите Небеса, коишто се нашиот физички свет. Во Градината Еденска никој не старее, ниту умира. Ништо не скапува, ниту исчезнува. Дури и по долг временски период, луѓето во Градината Еденска не чувствуваат голема разлика во текот на времето. Тие се чувствуваат како да живеат во свет, каде што времето не тече. Исто така, просторот во Градината Еденска е бескраен.

Ако луѓето кои што живеат во Првите Небеса не умираат, со тек на времето тие би биле исполнети со нив. Но бидејќи Вторите Небеса имаат бескреаен простор, никогаш нема да бидат исполнети со луѓе, без разлика колку и да се раѓаат.

Третите Небеса

Постојат други Небеса, коишто му припаѓаат на духовниот свет. Тоа се Третите Небеса, каде што е лоцирано Кралството

Небесно. Тоа е местото каде што ќе живеат спасените чеда Божји засекогаш. Апостолот Павле примил јасно откровение и визии од Господа, и рекол во 2 Коринтјаните 12:2-4, "Знам еден човек во Христа, кој што пред четиринаесет години – со тело ли, не знам, без тело ли, не знам, Бог знае – беше грабнат и издигнат до Третите Небеса. И за таквиот човек знам — било во телото, или надвор од него, не знам, Бог знае — дека беше грабнат и издигнат до Рајот, каде чул неискажливи зборови, што човекот не смее да ги каже."

Исто како што постои главен град за секоја една држава, и помали градови, дури и гратчиња во неа, исто така постојат и многу места за престој во Кралството Небесно, почнувајќи од градот Новиот Ерусалим, каде што се наоѓа престолот на Бога, па сè до Рајот, местото коешто може да се смета за предградие на Кралството Небесно. Нашите места за престој многу ќе се разликуваат, во зависност од нашата љубов кон Бога и нивото до кое сме успеале да ги култивираме своите срца со вистината, враќајќи го загубениот лик Божји.

Третите Небеса имаат уште помалку ограничувања во времето и просторот, од Вторите Небеса. Таму времето е вечно, а просторот е бескраен. Многу е тешко за човечките битија, кои што живеат во Првите Небеса, да го сватат просторот и времето на Кралството Небесно. Ајде да помислиме како изгледа еден балон. Пред да го надувате, просторот и волуменот на балонот се ограничени. Но тие можат драстично да се изменат, во зависност од количеството на воздухот со којшто е надуван. Просторот во Кралството Небесно е сличен на тоа. Кога на земјата ќе сакаме да изградиме куќа, потребно ни е парче земја, а просторот на таа земја, каде што ќе ја градиме куќата, ќе биде ограничен исто така. Но во просторот на Третите Небеса, куќите можат да се изградат на многу различен начин од оној на земјата, бидејќи концептот за просторот, волуменот, должината или висината на тоа место, е над оној на земјата.

Четвртите Небеса, местото каде што пребива Бог

Четвртите Небеса го преставуваат оригиналниот простор каде што Бог пребивал уште од пред почетокот, пред да го раздели целиот универзум на неколку Небеса. Во Четвртите Небеса е бесмислено да се користи концептот на времето и просторот. Четвртите Небеса го надминуваат секој можен концепт за времето и просторот, и во тоа место, сè што ќе посака Бог во Својот ум, во момент ќе биде исполнето.

Воскреснатиот Господ се појавил пред Своите ученици, кои што биле исплашени од Евреите и се криеле во куќата, каде што сите врати биле заклучени (Јован 20:19-29). Тој се појавил среде куќата, иако никој не Му отворил врата. Тој исто така им се појавил од нигде никаде на Своите ученици, кои што биле во Галилеја, и заедно обедувал со нив (Јован 21:1-14). Тој бил тука на оваа земја во текот на четириесет дена, а потоа се вознесол на Небесата низ облаците, пред погледот на голем број луѓе. Тука можеме да видиме дека воскреснатиот Исус Христос можел да го надмине физичкиот простор и време.

Колку тогаш нештата би биле различни во Четвртите Небеса, каде што Бог некогаш оригинално пребивал? Исто како што Тој ги негувал и владеел сите простори во универзумот додека постоел како Светлина, во којашто бил содржан Гласот, Тој владее над сите Небеса, Првите Небеса, Вторите Небеса и Третите Небеса, додека пребива во Четвртите Небеса.

Богот Создателот, Семоќниот

Овој свет каде што живеат човечките суштества, е многу мал во споредба со другите пространи и мистериозни Небеса. На земјата, луѓето прават сè што е можно да живеат што подобар живот, поминувајќи низ голем број тешкотии и страдања. За нив, нештата во овој свет на земјата се толку комплексни, а проблемите се толку тешки за решавање, но ниту едно од тие нешта не претставува проблем за Бога.

Да претпоставиме дека еден човек го набљудува светот на мравките. Понекогаш мравките имаат голем проблем да ја донесат храната. Но човекот може многу лесно да ја земе и да ја стави во мравјалникот. Ако една мравка одејќи се соочи со голема бара, којашто треба да ја помине, човекот лесно може да ја земе во рака и да ја пренесе на другата страна. Колку и да е голем овој проблем за мравката, навистина е мал за човекот. Слично на тоа, со помошта на Семоќниот Бог, ништо не може да претставува проблем за нас. Стариот Завет ни сведочи за семоќноста на Бога, во многу случаи. Преку семоќната сила на Бога било разделено Црвеното Море и текот на надојдената река Јордан бил запрен. Сонцето и месечината мирно стоеле на место, а кога Мојсеј удрил по карпата со својот стап, од неа почнала да извира питка вода. Без разлика колку и да е голем социјалниот статус и богатството на луѓето, и колку знаење можат да имаат, неверојатно е дека би можеле да го раздвојат морето или да го запрат движењето на сонцето и месечината! Но Исус кажал во Марко 10:27, "За луѓето тоа е невозможно, но за Бога не е; затоа што за Бога сѐ е можно."

Новиот Завет, исто така ни предочува многу случаи каде што болните и немоќните биле исцелени и излекувани, а и случаи каде што мртвите биле оживувани, сето тоа преку силата на Бога. Кога марамчињата или престилките коишто биле допрени од Павла, им биле носени на болните, тие оздравувале, а кога биле давани на опседнатите со зли духови, тие биле изгонувани од нив.

Семоќниот Бог ги надминува ограничувањата на луѓето

Дури и денес, ако ја добиеме помошта од силата Божја, ништо не би можело да ни биде проблем. Дури и проблемите коишто ни изгледаат многу тешки, ако ја добиеме силата Божја на помош, нема веќе да претставуваат проблем. Сето тоа се докажува на секој неделен состанок во црквата каде што јас свештенствувам. Тогаш многу неизлечиви болести, вклучувајќи ја и СИДАТА, се излекувани преку слушањето на Словото Божјо за време на богослужбите, и примањето на молитвата за исцелување.

Не само во Јужна Кореа, туку и безброј луѓе во светот сведочат за овие неверојатни дела на исцелување со помош на Божјата сила, што се опишани во Библијата. Некои такви дела еднаш беа претставени преку телевизијата CNN. Дополнително имаме некои помошници пастори кои што се молат, држејќи ги шамивчињата на кои јас се имав помолено. Преку таквите молитви можат да се случат неверојатните дела на божественото излекување, коишто ги надминуваат расите и културите на земјите.

Што се однесува до мене, и моите животни проблеми се решија откако го сретнав Бога Создателот. Јас имав толку многу болести, што ми дадоа прекар "продавница за болести." Немаше ниту мир во моето семејство. Не гледав ниту зрак надеж. Но бев излекуван од болестите во моментот кога клекнав во црквата. Бог ме благослови да можам да ги исплатам моите долгови. Тие беа толку големи што изгледаше невозможно да се исплатат во текот на мојот живот, но ги вратив во текот на само неколку месеци. Моето семејство повторно ја најде среќата и радоста. Бог пред сѐ ме благослови со повикот да станам пастор и ми ја даде Својата сила, за да можам да спасувам голем број на човечки души.

Денес голем број на луѓе кажуваат дека веруваат во Бога, но постојат само малкумина кои што навистина го живеат својот живот во вистината и вистинската вера. Ако луѓето имаат некој проблем, тие обично се потпираат на човечките начини на решавање на проблемите, наместо да се потпрат на Бога. Тие се фрустрирани и обесхрабрени кога проблемите што ги имаат не се решаваат преку човечките начини. Ако се разболат, тие не погледнуваат кон Бога, туку веднаш се потпираат на знаењето на лекарите во болниците. Ако се соочат со тешкотии во своите бизниси, се обраќаат за помош насекаде, освен да му се обратат на Бога.

Некои од верниците му се жалат на Бога, или ја губат својата вера, поради тешкотиите со коишто се соочуваат во своите животи. Стануваат нестабилни во својата вера и ја губат исполнетоста со Светиот Дух, ако се соочат со прогони, или ако им се случат некои штети заради нивното правилно чекорење во верата. Сепак, кога би верувале во Бога, Кој што ги има создадено сите Небеса, и за Кого сè е можно, секако дека не би им се случиле таквите нешта.

Бог ги има создадено сите видови на внатрешни органи во човчките битија. Па како може да постои некоја болест, која што не би можел да ја излекува? Бог рекол, "Среброто е Мое, и златото е Мое" (Агеј 2:8). Не може ли Тој да ги направи Своите чеда богати? Бог сè може да направи, но луѓето се тие кои што се чувствуваат обесхрабрени или без срце, и се оддалечуваат од вистината, поради своето неверие во силата на Бога Семоќниот. Без разлика каков и да е проблемот којшто го има еден човек, тој може да го реши во било кое време, ако навистина, од сè срце верува во Бога, и го стави во Неговите раце, во потполност потпирајќи се на Него.

Да се сретне Семоќниот Бог Создателот

Приказната за командантот Нееман во 2 Кралеви, Глава 5, нè поучува за тоа како да ги примиме одговорите на нашите проблеми, од Семоќниот Бог. Нееман бил командант на армијата на Арам, но не можел да направи ништо во врска со својата лепрозност.

Еден ден тој начул од својата мала слугинка Еврејка, за силата на Бога што Елисеј, слугата Божји, пророкот Израелев, ја изведувал. Тој бил Незнабожец што не верувал во Бога, но не ги занемарил зборовите на малата слугинка, затоа што имал добро срце. Тој приготвил вредни дарови и тргнал на долг пат, за да се сретне со Елисеј, слугата Божји.

Но штом стигнал во куќата на Елисеј, пророкот ниту се помолил за него, ниту му искажал добредојде. Пророкот единствено му кажал на слугата да му пренесе порака дека треба да се измие во реката Јордан седум пати. Во почетокот командантот се почувствувал навредено, но по некое време решил да се повинува на советот. Иако ниту зборовите на Елисеја, ниту неговото однесување, имале било каква смисла, тој сепак се покорил на советот, бидејќи бил кажан од страна на Божјиот пророк, кој ја изведувал Неговата сила.

Кога Нееман го потопил своето тело во реката Јордан седум пати, лепрата чудесно и целосно исчезнала, и тој бил исцелен. Што симболизира потопувањето на неговото тело во реката Јордан во овој случај? Водата го претставува Словото Божјо. Тоа значи дека на една личност може да ѝ се простат гревовите, ако се прочисти од лошите нешта во срцето преку Словото Божјо, на начинот на којшто тој си го измил своето тело во водата. Поради тоа што бројот седум е бројот на совршенството, потопувањето на телото седум пати, укажува дека со тоа добил целосна прошка.

Како што е објаснето, за да можеме ние луѓето да добиеме одговор од Семоќниот Бог, прво мора да се отвори патот на комуникацијата со Него, преку проштевањето на нашите гревови. Кажано е во Исаија 59:1-2, "Ете, не е прекратка раката ГОСПОДОВА, за да не може да нѐ спаси; ниту пак увото му е затнато, та да не може да нѐ чуе. Туку беззаконијата ваши создадоа разделба меѓу вас и вашиот Бог, а гревовите ваши го сокрија лицето Негово од вас, та да не може да ве чуе."

Ако не го познаваме Бога и не сме го прифатиле Исуса Христа, треба да се покаеме што не сме го сториле тоа (Јован 16:9). Бог ни кажува дека сме убијци ако ги мразиме своите браќа (1 Јован 3:15), и дека треба да се покаеме затоа што не сме ги сакале своите браќа. Јаков 4:2-3 гласи, , "Сакате, а немате; убивате и завидувате, па не можете да добиете; се борите и се карате. Немате, затоа што не барате низ молитвата. Барате, но не добивате, затоа што погрешно барате, за да можете да го потрошите добиеното, на своите сладострасни желби." Затоа треба да се покаеме молејќи се со сето срце и без сомнеж (Јаков 1:6-7).

Понатаму, ако не почнеме да го практикуваме Словото Божјо додека ја исповедаме нашата вера, треба целосно да се покаеме заради тоа. Не смееме само да кажеме дека ни е жал. Треба да си ги искинеме срцата свои во целост, леејќи солзи додека носот ни тече. Нашето покајание може да се смета за вистинито само тогаш, кога е направено со цврста одлучност за животот според Словото Божјо, и неговото практикување.

Второзаконие 32:39 гласи, "Сега гледате дека Јас Сум, и дека нема други богови освен Мене; Јас сум Тој, Кој што усмртува и Кој што дава живот. Јас сум Тој, Кој што ранува, и Јас сум Тој, Кој што исцелува, и не постои никој кој што може да избави од раката Моја." Тоа е Бог, во Кој што веруваме.

Бог ги создал сите Небеса и сите нешта во нив. Тој ја познава сета наша ситуација. Тој е доволно силен да им одговори на сите наши молитви. Без разлика колку очајни или депресивни да се ситуациите во коишто се наоѓаат луѓето, Тој може да ги преврти како да превртува паричка. Затоа се надевам дека ќе ги добиете одговорите на своите молитви и ќе ви се исполнат желбите на вашите срца, преку поседувањето на вистинската вера и потпирање во Бога.

Др. Виталиј Фишберг
(Њујорк Сити, Соединети Американски Држави)

На местото каде што се случуваа чуда

Пред да дипломирам на Медицинското училиште во Молдавија, јас бев главен уредник на медицинското списание, 'Вашиот Семеен Доктор', коешто е познато во Молдавија, Украина, Русија и Белорусија. Во 1997, се преселив во САД. Докторирав во неуропатска медицина, завршив и докторат по клиничка исхрана и интегративна медицина, потоа добив докторат за алтернативната медицина, па за ортомолекуларната медицина и се здобив со почесен докторат во природните здравствени науки. Кога стигнав во Њујорк по моето образование, набргу станав многу познат во Руската заедница, па многу весници ги објавуваа моите статии секоја седмица. Во 2006, слушнав дека ќе се одржи голем Христијански собир на Медисон Сквер Гарден. Таму имав шанса да се сретнам со делегацијата на црквата Манмин, и веднаш ја почувствував силата на Светиот Дух преку нив. По две седмици присуствував на крстоносен поход, организиран од нив. Пречесниот Др. Церок Ли се помоли за присутните, откако проповедаше за тоа зошто Исус е нашиот Спасител. "Господи, исцели го! Оче, Боже, ако пораката којашто ја проповедав не е вистинита, не ми дозволувај повеќе да ги изведувам моќните дела на Твојата сила вечерва! Но ако таа е вистинита, нека голем број души го видат сведоштвото за живиот Бог. Сакатите нека проодат! Глувите нека прослушаат! Сите неизлечиви болести нека бидат изгорени од огнот на Светиот Дух, и луѓето нека се излекуваат!"

Бев шокиран кога слушнав таква молитва. Што ако не се случи божествено исцелување и излекување на луѓето? Како може така полн со доверба да се моли на таков начин? Но уште пред да заврши молитвата за болните, чудата почнаа да се случуваат. Луѓето кои што страдаа од злите духови беа ослободени. Немите почнаа да зборуваат, слепите да прогледуваат. Голем број на наглуви беа излекувани. Голем број станаа од своите инвалидски колички или ги отфрлија патериците. Некои посведочија дека се излечиле од СИДА.

Како што одминуваше времето, така сѐ повеќе се исполуваше силата Божја за време на крстоносниот поход. Лекарите од Светската Христијанска Мрежа на лекари, WCDN, кои што дојдоа од многу земји поставија маса, за да можат да ги запишат сите сведоштва. Тие се обидуваа медицински да ги верификуваат сведоштвата на луѓето, за на крајот да нема доволно доктори кои би можеле да ги регистрираат сите сведоштва на исцелувањето!

На Нубиа Кано, 54-годишна стара дама, која што живее во Квинс, ѝ бил дијагностициран рак на кичмата, во 2003. Таа не можела да се движи, ниту да чекори. Го поминувала времето лежејќи во постела, чувствувајќи огромни болки, кои ја принудувале да прима инекции морфиум на секои 2 часа. Лекарите ѝ кажале дека никогаш повеќе нема да прооди. Кога присуствувала на "Њујоршкиот Крстоносен Поход во 2006, каде што бил Преч. Др. Церок Ли" со својот пријател, таа видела како голем број на луѓе го примаат исцелувањето од Бога, и почнала да се здобива со голема вера. Откако ја примила молитвата на Преч. Др. Церок Ли, почувствувала топлина низ целото свое тело, и добила чувство како некој да ѝ ја масира кичмата. Болката во кичмата ѝ исчезнала и од крстоносниот поход, таа можела да оди и да ја превиткува кичмата! Нејзиниот лекар бил навистина вчудоневиден да го види тоа—некој кој што никогаш повеќе не можел да оди—повторно лесно одел. Таа

Сведоштва на лекарите од WCDN

денес може дури и да танцува по тоновите на Доминиканскиот танц – Меренге.

Максимилија Родригез, која што живее во Бруклин, имала многу слаб вид. Веќе 14 години носела контактни леќи, а плус и очила во последните 2 години. На последниот ден од Крстоносниот поход, таа со вера ја примила молитвата од Преч. Др. Церок Ли, по што веднаш сватила дека почнала да прогледува, и дека веќе не ѝ се потребни очилата. Денес таа може да ги чита и најситните редови од Библијата без било какво помагало, или очила. Нејзиниот офталмолог, по забележувањето на промената и потврдата на непобитниот факт за подобрување на видот, можел единствено да биде зачуден во врска со тоа.

Медисон Сквер Гарден, местото каде што се одржа крстоносниот поход во јули 2006, беше навистина место каде што се случуваа чуда. Толку бев трогнат од сцените каде што ја посведочував силата на Бога. Неговата сила ме измени и ми покажа нов курс по кој ќе оди мојот живот. Се одлучив да станам Божји инструмент, за медицински да ги потврдам исцелувањата што се случуваа, и да му го објавам тоа на светот.

- Извадок од Невообичаени нешта -

Глава 3 Свето Тројство

> Богот во којшто веруваме е еден Бог, но Тој има три личности во Себе: Отецот, Синот и Светиот Дух.

Промислата Божја за човечкото култивирање
Природата и поредокот на Светото Тројство
Улогите на Светото Тројство
Синот Исус го отвора патот кон спасението
Светиот Дух го завршува спасението
Не гаснете го Духот
Богот Отецот, Режисерот на човечката културвација
Светото Тројство ја исполнува промислата за спасението
Негирањето на Светото Тројство и делата на Светиот Дух

"Затоа одете и направете ги сите народи Мои ученици, крштевајќи ги во името на Отецот и Синот и Светиот Дух."

(Матеј 28:19)

Светото Тројство означува дека Богот Отецот, Богот Синот и Светиот Дух се едно. Богот во којшто ние веруваме е еден Бог. Но, Тој во Себе има Три Личности: Отецот, Синот и Светиот Дух. Но сепак, бидејќи Тие се едно, кажуваме 'Триунионен Бог' или 'Свето Тројство'.

Ова е многу важна доктрина во Христијанството, но едвај да има некој кој што може точно и во детали да ја објасни истата. Тоа се должи на фактот што е многу тешко за луѓето, кои што имаат ограничени размислувања и теории, да го сватат изворното потекло на Богот Создателот. Но до она ниво, до коешто го сваќаме Светото Тројство, ќе можеме да го сватиме и Неговото срце, и ќе можеме појасно да ги примаме благословите и одговорите на нашите молитви, во нашата комуникација со Него.

Промислата Божја за човечкото култивирање

Бог кажал во Исход 3:14, "ЈАС СУМ ОНОЈ КОЈ ШТО СУМ." Никој го нема родено, ниту создадено. Тој едноставно постоел уште од самиот почеток. Тој е над можностите на човечкото сваќање или имагинација; за Него не постои почеток, ниту крај; Тој едноставно постоел пред вечноста и ќе постои низ вечноста. Како што е погоре објаснето, Бог постоел Самиот како Светлина, со моќниот, ѕвонечки глас, во неограничениот простор на вселената (Јован 1:1; 1 Јован 1:5). Но, во одреден временски период, Тој посакал да има некого, со кого ќе може да ја сподели Својата љубов, па затоа ја испланирал човечката култивација, заради добивањето на вистински чеда.

За да ја изведе човечката култивација, Бог прво го поделил просторот. Просторот го поделил на духовен простор и на физички простор, каде што ќе живеат луѓето со своите физички тела. Потоа почнал да егзистира како Свето Тројство. Изворниот Бог почнал да егзистира како Триунионен Бог, составен од Богот Отецот, Богот Синот и Светиот Дух.

Библијата ни кажува дека Богот Синот, Исус Христос, бил роден од страна на Бога (Дела 13:33), и Јован 15:26 и Галатјаните 4:6 ни кажуваат дека Светиот Дух, исто така произлегол од Бога. Како создвањето на алтернативно его, и Синот Исус и Светиот Дух, произлегле од Богот Отецот. Тоа било апсолутно неопходно заради процесот на човечката култивација.

Синот Исус и Светиот Дух не се созданија создадени од страна на Бога, туку Тие се Самиот изворен Бог. По потекло тие се едно, но егзистираат оделно, заради човечката култивација. Нивните улоги се различни, но Тие се едно во срцето, мислите и силата, па затоа кажуваме дека Тие се Светото Тројство.

Природата и поредокот на Светото Тројство

Како Богот Отецот, и Синот Исус и Светиот Дух, исто така се семоќни. Исто така, и Синот Исус и Светиот Дух ги чувствуваат и посакуваат желбите што ги поскаува Богот Отецот. Обратно на тоа, Богот Отецот ги чувствува радоста или тагата, што ги чувствуваат Синот Исус и Светиот Дух. Сепак, Трите Личности, се сосем независни ентитети, кои што имаат Свои независни карактери, и Нивната улога во процесот на човечката култивација е различна.

Од една страна, Синот Исус го примил истото срце како на Богот Отецот, но Неговата божественост е поголема од Неговата човечност. Затоа Неговата божествена гордост и правдина, се многу поистакнати. Од друга страна пак, кај Светиот Дух, Неговата човечност е многу посилна. Се истакнува Неговиот деликатен, милостив и сочувствителен карактер.

Како што е објаснето, Богот Синот и Богот Светиот Дух изворно се едно со Богот Отецот, но се независни ентитети, коишто имаат Свои различни карактери. Нивната улога исто така се разликува, во согласност со Нивниот поредок. По Богот Отецот, доаѓа Богот Синот, Исус Христос, а по Него доаѓа

Богот Светиот Дух. Тој со љубов им служи на Богот Синот и на Богот Отецот.

Улогите на Светото Тројство

Трите Личности на Светото Тројство, заедно го извршуваат процесот на човечката култивација. Секоја од овие Три Личности, во целост ја одигрува Својата улога, но понекогаш Тие делуваат заедно, во некои значајни точки од процесот на човечката култивација.

На пример, Битие 1:26 гласи, "Потоа Бог рече, 'Ајде да направиме човек според Нашиот лик, според Нашето подобие;" Можеме да заклучиме дека Светото Тројство заедно ги создале човечките суштества, според Нивното подобие. Исто така, кога Бог се симнал да провери што станува со Вавилонската Кула, сите Три Личности биле заедно. Кога луѓето почнале да ја градат Вавилонската Кула, со намера и желба да станат како Бога, Светото Тројство им го збркал јазикот и создал многу јазици.

Кажано е во Битие 11:7, "Да слеземе и да им го измешаме јазикот, та да не се разбираат што зборуваат." Тука, 'да слеземе' е во прво лице множина, и можеме да видиме дека Трите Личности на Светото Тројство биле заедно. Како што е објаснето, Трите Личности понекогаш делуваат како Една, но всушност Тие имаат различни улоги, за да може процесот на човечката култивација да се заврши, почнувајќи од самото создавање, па сѐ до спасението на човечките суштества. Каква е улогата што Личноста на Светото Тројство ја извршува?

Синот Исус го отвора патот кон спасението

Улогата на Богот Синот Исус, е да стане Спасител и да го отвори патот кон спасението за грешниците. Поради тоа што Адам, во чинот на непослушноста и непокорот, пробал од забранетиот плод, врз сите човечки суштества се спуштил гревот. Затоа им било потребно спасението.

Тие биле проколнати да паднат во вечната смрт, огнот на Пеколот, во согласност со законот на духовниот свет, којшто гласи дека платата за гревот е смртта. Сепак, Исус, Синот Божји, ја исплатил казната на смртта за грешниците, за да не паднат во Пеколот.

Зошто Богот Синот морал да стане Спасител на човештвото? Исто како што секоја земја има свои закони, исто така и духовниот свет има свои закони, па затоа не можел секој да ја преземе улогата на Спасителот. Една личност може да стане Спасител, само ако ги исполнува сите потребни квалификации за тоа. Кои се тогаш, сите потребни квалификации, за да може една личност да стане Спасител, и да го отвори патот на спасението за човештвото, коешто станало проколнато и осудено на вечната смрт заради своите гревови?

Како прво, Спасителот треба да биде човек. 1 Коринтјани 15:21 гласи, "Бидејќи смртта дојде преку човекот, преку човекот исто така, стана и воскресението од мртвите." Како што е запишано, бидејќи смртта дошла поради непокорот на еден човек, Адам, и спасението, исто така, мора да дојде преку еден човек, како што бил Адам.

Како второ, Спасителот не смее да биде Адамов потомок. Сите потомци Адамови се грешни, бидејќи се раѓаат со изворниот грев, којшто го наследуваат од своите татковци. Ниту еден Адамов потомок не може да биде Спасител. Но, Исус бил зачнат од страна на Светиот Дух, и не бил Адамов потомок. Во Него го нема изворниот грев, којшто би го наследил од Своите родители (Матеј 1:18-21).

Како трето, Спасителот мора да ја поседува силата. За да може да го откупи гревот на грешниците, и да ги спаси од непријателот ѓаволот, Спасителот море да ја поседува силата, духовната сила, којашто значи да се биде безгрешен. Во себе не смее да го поседува изворниот грев, не смее да изврши никаков грев, и во целост мора да му се потчини на Словото Божјо. Мора да биде ослободен од било каква вина или грев.

Како последно, Спасителот мора да ја поседува љубовта. Дури и да ги поседувал сите три горенаведени квалификации, Тој не би умрел заради гревовите на луѓето, ако во Себе не би ја поседувал љубовта. А тогаш човештвото никогаш не би било спасено. Затоа Спасителот мора да ја поседува љубовта, поради која би ја презел казната на смртта, во името на сите луѓе, кои што се грешни.

Во филмот, 'Страдањата на Христа' многу добро се прикажани Неговите страдања. Тој бил камшикуван и имал многу отворени рани. Бил прободен низ рацете и нозете, и носел круна од трње на Својата глава. Тој бил обесен на крстот, и кога го земал Својот последен здив, бил прободен од страната и ја пролеал сета Своја крв и вода од телото. Тој ги презел сите тие страдања, за да може да ни ги откупи нашите безаконија, гревови, болести и слабости.

Уште од гревот на Адама, ниту едно човечко суштество не можело да ги исполни сите потребни четири квалификации. Сите Адамови потомци го наследувале изворниот грев, имено ја добивале грешната природа од своите претци, уште од самото раѓање. Не постои човек, кој што го проживеал својот живот во целост спрема законот Божји, и нема човек кој што воопшто нема згрешено во својот живот. Еден човек кој што самиот има големи долгови, не може да им го отплати долгот на другите. На истиот тој начин, грешниците кои што го поседуваат изворниот грев и гревовите кои сами ги извршиле, не можат да дадат спасение на другите грешници, на другите луѓе. Поради таа причина, Бог ја подготвил тајната скриена уште од пред вековите, имено Својот Син, Исус.

Исус ги исполнувал сите потребни кавлификации за да биде Спасител. Тој бил роден на земјата и бил со тело на човек, но не бил зачнат од комбинацијата на спермата на човекот и јајце клетката на жената. Девицата Марија станала трудна од страна на Светиот Дух. Па така, Исус не бил Адамов потомок и го немал во Себе изворниот грев. Целиот Свој живот, Тој му се покорувал на Законот Божји, и немал извршено никаков личен грев.

Со тоа Исус совршено бил квалификуван за да биде распнат заради љубовта за грешниците. Преку Неговата крв, човечките суштества се здобиле со патот на спасението и проштевањето на нивните гревови. Ако Исус не станал Спасителот, тогаш сите луѓе, уште од Адама, би биле фрлени во Пеколот. Ако сите луѓе бидат фрлени во Пеколот, целта на човечката култивација не би била постигната. Тоа значи дека никој не би можел да влезе во Кралството Небесно, и Бог не би се здобил со Своите вистински чеда.

Затоа Бог го подготвил Исуса, Својот Син, Кој што ќе ја одигра улогата на Спасителот, за да може да се исполни процесот на човечката култивација. Секој кој што верува во Исуса, што умрел на крстот заради нас, иако бил безгрешен, може да се здобие со прошка за своите гревови, и да го добие правото да стане чедо Божјо.

Светиот Дух го завршува спасението

Како следно, улогата на Светиот Дух е да го заврши процесот на спасението, што луѓето го добиле преку Исуса Христа, Синот Божји. Тоа е нешто слично на мајката која што се грижи и го расте своето новороденче. Светиот Дух е Тој, Кој што им ја всадува верата во срцата на луѓето кои што го прифатиле Господа, и ги поучува сè додека не го достигнат Кралството Небесно. Тој разделува безброј духови, кога го исполнува Своето делување. Изворниот ентитет на Светиот Дух се наоѓа на едно место, но безброј духови разделени од Него, во ист момент ја исполнуваат улогата било каде во светот, понесени од истото срце и сила.

Се разбира, Отецот и Синот можат да разделат безброј духови, како што е во случајот на Светиот Дух. Исус кажал во Матеј 18:20, "Зошто каде што двајца, или тројца се собрани во Мое име, таму сум и Јас среде нив." Можеме да сватиме дека Исус може да подели безброј духови од Својата изворна личност. Господ Исус не може да биде секаде со своите верници како Неговата изворна личност, каде што тие се собираат во Неговото име. Наместо тоа, Неговите разделени духови можат да бидат секаде и да бидат со секого од нив.

Светиот Дух го води секој верник на нежен и сакан начин, на истиот оној, на којшто мајката се грижи за своето бебе. Кога луѓето го прифаќаат Господа, духовите поделени од Светиот Дух им навлегуваат во срцата. Без разлика колкав број на луѓе го прифаќаат Господа, разделените духови од Светиот Дух можат да навлезат во нивните срца, и да пребиваат во нив. Кога тоа ќе се случи, кажуваме дека луѓето 'го примиле Светиот Дух'. Светиот Дух пребива во срцата на верниците, им помага да се здобијат со духовна вера, со која можат да бидат спасени, и ја јакне нивната вера, помагајќи ѝ да израсне во целосна мерка, исто како што тоа го прави некој приватен учител.

Тој ги води верниците кон ревносното учење на Словото Божјо, ги менува нивните срца во согласност со Словото, и им помага духовно да растат според тоа. Според Словото Божјо, верниците треба да ги сменат лутината со кроткоста, и омразата со љубовта. Ако во минатото сте чувствувале завист или љубомора, по ваквата помош ќе можете да уживате во успехот на другите личности, и во вистината. Ако порано сте биле ароганти, потоа ќе можете да бидете скромни и да им служите на другите.

Ако во минатото сте ја барале само својата корист, потоа ќе можете да се жртвувате себеси за другите, сè до самата смрт. Не смеете да им враќате со зло, на оние кои што ви направиле лошо во животот, туку треба да им ги трогнете срцата со вашата добрина.

Не гаснете го Духот

Дури и по прифаќањето на Господа и животот како верник во текот на неколку години, ако сеуште живеете во невистината, токму онака како што сте правеле кога сте биле неверник, тогаш Светиот Дух што пребива во вас, многу ќе офка заради страдањето што ќе го чувствува. Ако лесно се иритираме при неправедното страдање, или им судиме и ги осудуваме своите браќа во Христа, откривајќи им ги нивните престапи, тогаш нема да можеме со дигнати глави да се појавиме пред Господа, Кој што умрел заради нашите гревови.

Да претпоставиме дека сте се здобиле со некоја црковна титула, како на пример на ѓакон или на старешина, но сеуште немате воспоставено мир со другите, пречејќи им и наведувајќи ги да се сопнат во својот пат во верата, тогаш сме себични и самоправедни. Тоа ќе доведе до големо страдање на Светиот Дух, Кој што пребива во нас. Откако сме го прифатиле Господа, и повторно сме се родиле, мораме да го отфрлиме секое зло и секој грев од нас, и секојдневно да се трудиме да ја зголемиме својата вера.

Дури и по прифаќањето на Господа, ако сеуште живееме во гревовите на светот и световното, вршејќи ги гревовите коишто водат во смрт, Светиот Дух, Кој што пребива во нас, конечно ќе нè напушти, и нашето име ќе биде избришано од Книгата на животот. Исход 32:33 гласи, "ГОСПОД му одговори на Мојсеја, 'Оној кој што згрешил против Мене, ќе го избришам од книгата Моја.'"

Откровение 3:5 гласи, "Оној кој што победува, ќе се облече во бели облеки; и нема да го избришам името негово од книгата на животот, туку ќе го признаам името негово пред Отецот Мој, и пред ангелите Негови." Овие стихови ни кажуваат дека, иако сме го примиле Светиот Дух и нашите имиња се запишани во Книгата на животот, тие исто така можат да бидат и избришани од неа.

Во 1 Солунјани 5:19 е кажано, "Не гаснете го Духот." Како

што е кажано, иако сме спасени и сме го примиле Светиот Дух, ако не го живееме својот живот во вистината, ќе го изгаснеме Светиот Дух.

Светиот Дух пребива во срцето на секој верник и го води на таков начин, што нема да го изгуби спасението, постојано укажувајќи му на вистината и поттикнувајќи го на животот според волјата Божја. Додека нè поучува за гревот и праведноста, Тој ни дозволува да сватиме дека Бог е Создателот, Исус Христос е нашиот Спасител, ни укажува на постоењето на Небесата и Пеколот, и на неизбежниот Страшен Суд, што ни претстои.

Светиот Дух се застапува за нас пред Бога Отецот, токму онака како што е запишано во Римјаните 8:26, "На истиот начин и Духот ѝ помага на нашата слабост; затоа што не знаеме да се молиме како што треба, туку Духот Самиот посредува за нас, со воздишки предлабоки за зборовите." Тој тагува кога чедата Божји извршуваат гревови, и им помага да се покаат и да се одвратат од грешните патишта свои.

Тој ја истура врз нив инспирацијата и исполнетоста со Светиот Дух, давајќи им различни подароци, за да можат да ги отфрлат сите гревови и да ги доживеат делата на Бога. Ние, кои што сме чеда Божји, мораме постојано да ги бараме делата Божји и оние на Светиот Дух, копнеејќи за подлабоките духовни нешта.

Богот Отецот, Режисерот на човечката култивација

Богот Отецот е режисерот, Кој што го спроведува големиот план за човечката култивација. Тој е Создателот, Владетелот и Судијата, Кој што ќе суди на Последниот Ден. Богот Синот, Исус Христос, го отворил патот за спасението на луѓето, кои што се грешници. И на крајот, Богот Светиот Дух ги води оние кои што се спасени, кон поседување на вистинска вера и кон достигнување на целосното спасение. Со други зборови кажано, Светиот Дух го комплетира спасението коешто му се дава на секој верник. Секое делување на Трите Личности Божји, постапува како една сила, во обезбедувањето на промислата за култивација на човеките суштества, и нивно претворање во вистински чеда Божји.

Сепак, иако секое од Нивните делувања стриктно се разликува во поглед на поредокот, сепак Трите Личности делуваат за едниот концепт во исто време. Кога Исус дошол тука на земјата, Тој во целост ја следел волјата на Бога Отецот, без да ја изјаснува Својата сопствена волја. Светиот Дух бил со Исуса, и му помагал во Неговото свештенствување, уште од моментот кога Тој бил зачнат во Девицата Марија. Кога Исус бил обесен на крстот и страдал од болките на распнувањето, Богот Отецот и Светиот Дух ја чувствувале и доживувале истата болка, заедно со Него.

На истиот начин, кога Светиот Дух тагува и посредува за душите, Господ и Богот Отецот ја чувствуваат таа болка и тага и Самите Тие. Трите Личности од Светото Тројство прават сé со истото срце и волја во секој момент, и ги чувствуваат истите емоции, делувајќи според Својата улога. Едноставно кажано, Трите Личности исполнуваат сé, како Три во Едно.

Светото Тројство ја исполнува промислата за спасението

Трите Личности Божји ја исполнуваат промислата Божја за човечката култивација, како Три во Едно. Кажано е во 1 Јован 5:8, "Духот и водата и крвта; и тие три се во едно." Водата тука го симболизира свештенствувањето на Бога Отецот, Кој што е Словото. Крвта го симболизира свештенствувањето на Господа, Кој што ја пролеал Својата крв на крстот. Светото Тројство го спроведува свештенствувањето на Духот, Водата и Крвта, коишто се во едно, за да посведочи за спасението на чедата Божји, кои што веруваат.

Мораме јасно да го сватиме делувањето на секое свештенствување на Светото Тројство, и не смееме да се наклонуваме повеќе кон една од Личностите, од тоа Свето Тројство. Единствено кога ќе ги прифатиме и ќе веруваме во Трите Личности од Светото Тројство, ќе можеме да бидеме спасени преку верата во Бога, и ќе бидеме во можност да кажеме дека го познаваме Бога. Кога се молиме, се молиме во името на Исуса Христа, но всушност Богот Отецот е Тој, Кој што ни одговара на нашите молитви, а Светиот Дух е Тој, Кој што ни помага да ги добиеме одговорите од Отецот.

Исус, исто така рекол во Матеј 28:19, "Затоа одете и направете ги сите народи Мои ученици, крштевајќи ги во името на Отецот и Синот и Светиот Дух," а апостолот Павле ги благословил верниците во името на Светото Тројство, во 2 Коринтјаните 13:14, "Благодетта на нашиот Господ Исус Христос, и љубовта на Бога, и заедништвото со Светиот Дух, да бидат со сите вас. Амин!" Затоа, во текот на утринските, неделни молитвени богослужби, благословувањето се дава, за чедата Божји да ја примат благодетта на Спасителот, Господ Исус Христос, љубовта на Бога Отецот и инспирацијата и исполнетоста со Светиот Дух.

Негирањето на Светото Тројство и делата на Светиот Дух

Постојат некои луѓе кои што не го прифаќаат Светото Тројство. Едни од нив се Јеховините Сведоци. Тие не ја признаваат божественоста на Исуса Христа. Исто така, не ја признаваат ниту индивидуалната личност на Светиот Дух, па затоа и се сметаат за еретици.

Библијата ни кажува дека оние, кои што го негираат Исуса Христа, си повикуваат брза пропаст врз себе, и дека се еретици (2 Петар 2:1). Тие само навидум, однадвор, изгледаат дека го практикуваат Христијанството, но не ја следат волјата на Бога. Нивното учење нема ништо заедничко со спасението, па затоа ние верниците, не смееме да дозволиме, да бидеме измамени.

За разлика од еретиците, некои цркви не ги признаваат делата на Светиот Дух, иако се исповедаат дека веруваат во Светото Тројство. Библијата ни укажува на некои различни дарови на Светиот Дух, како што се зборувањето на страни јазици, пророкувањето, божественото исцелување, откровенијата и визиите. И постојат некои други цркви, кои што им судат на делата на Светиот Дух, како да се нешто лошо, или пак дури и се обидуваат да ги попречат истите, иако се исповедаат дека веруваат во Бога.

Тие често им судат на црквите во коишто се манифестираат даровите на Светиот Дух, и ги нарекуваат еретички. Со таквиот чин, тие директно ја навредуваат волјата на Бога, и го извршуваат непростливиот грев на богохулието, нанесувањето срам, или му се спротивставуваат на Светиот Дух. Ако ги извршат ваквите гревови, духот на покајанието не може да дојде кај нив, па така не можат ниту да се покаат заради тоа.

Ако клеветат или осудуваат некој слуга Божји, или некоја црква којашто е исполнета со делата на Светиот Дух, тогаш тоа е исто како да го осудуваат Светото Тројство и да делуваат како непријатели кон Бога. Чедата Божји, кои што се спасени и го примиле во срцата Светиот Дух, не мораат да ги избегнуваат делата на Светиот Дух, туку баш напротив, треба да копнеат по нив. Особено свештениците не смеат само да ги доживуваат делата на Светиот Дух, туку треба и да ги изведуваат истите, за да може нивното стадо да го живее животот во изобилство, понесени од таквите дела.

1 Коринтјани 4:20 гласи, "Затоа што Кралството Божјо не е во зборовите, туку е во силата." Ако свештениците го поучуваат стадото само преку своето знаење или формалности, тогаш тоа значи дека наликуваат на слепи луѓе кои водат слепци. Свештениците мораат да го поучуваат своето стадо на точната вистина, и да им дозволат да го посведочат постоењето на живиот Бог, изведувајќи ги делата на Светиот Дух.

За денешното време се кажува дека е 'Ерата на Светиот Дух'. Под водството на Светиот Дух, можеме да ги примиме обилните благослови и благодетта од Светото Тројство, кое што го култивира човештвото.

Јован 14:16-17 гласи, "Јас ќе го молам Отецот Мој, и Тој ќе ви даде уште еден Помошник, Кој што ќе биде со вас довека; тоа е Духот на вистината, кого што светот не може да го прими, бидејќи не Го гледа, ниту Го познава. Но вие го знаете, затоа што Тој пребива во вас и ќе биде со вас."

Откако Господ го исполнил свештенствувањето за човечкото спасение, воскреснал и се воздигнал на Небесата, а Светиот Дух го наследил Господа во процесот на човечката култивација. Светиот Дух е со секој верник кој што го прифаќа Господа, и ги води верниците кон вистината, пребивајќи во срцето на секој од нив.

Понатаму, денес, кога гревот преовладува во светот и темнината сѐ повеќе го покрива светот, Бог им се покажува Себеси на оние кои што Го бараат во своите срца, и им ги дава на дар огнените дела на Светиот Дух. Со надеж дека ќе станете вистинските чеда Божји, се молам во името на Отецот, и Синот, и Светиот Дух, да го примите сето она што го посакувате во своите молитви, и да го достигнете целосното спасение.

Примери од Библијата 1

Нештата што се случуваат кога портите на Вторите Небеса се отвораат за Првите Небеса.

Првите Небеса го претставуваат физичкиот простор во којшто живееме.

Во Вторите Небеса постои простор на светлината, градината Еденска, и простор на темнината.

Во Третите Небеса се наоѓа Кралството Небесно, каде што вечно ќе живееме.

Четвртите Небеса го претставуваат просторот за изворниот Бог, којшто ексклузивно е створен за Светото Тројство.

Овие 'Небеса' се стриктно одвоени, но сепак, секој простор е 'во непосредна близина' на другиот.

Кога има потреба, портите на Вторите Небеса се отвораат во просторот на Првите Небеса, каде што ние сега живееме.

Понекогаш просторот на Третите Небеса, или на Четвртите Небеса, може исто така да се отвори.

Можеме да најдеме безброј случаи, каде што нештата од Вторите Небеса се случиле во Првите Небеса.

Кога портите на Вторите Небеса ќе се отворат и објектите од Градината Еденска ќе излезат и навлезат во просторот на Првите Небеса, тогаш оние кои што живеат во Првите Небеса ќе можат да ги видат и допрат тие објекти.

Огнениот Суд врз Содом и Гомора

Битие 19:24 гласи, "Тогаш ГОСПОД излеа врз Содом и Гомора сулфур и оган, од ГОСПОДА од Небесата." Тука делот, 'од ГОСПОДА од Небесата' означува дека Бог ги отворил портите на просторот од Вторите Небеса и излеал сулфур и оган од таму. Истото се случило кај планината Кармил, кога Илија се соочил со 850-те свештеници на боговите на Незнабожците, носејќи го долу огнениот одговор. Во 1 Кралеви 18:37-38 е кажано, '"Одговори ми, О ГОСПОДИ, одговори ми, за да знае сиот овој народ дека Ти, О ГОСПОДИ, си Бог, и дека Ти повторно ќе ги преобратиш срцата нивни.' И оган ГОСПОДОВ падна и ги голтна сепаленицитe и дрвата, и камењата и правот, па дури ја исуши и водата во ровот." Огнот од Вторите Небеса всушност можел да запали објекти од Првите Небеса.

Ѕвездата што ги водела трите мудреци

Матеј 2:9 гласи, "Тие, откако го ислушаа кралот, тргнаа на пат, и ете; ѕвездата што ја видоа на исток, одеше пред нив, сѐ додека не дојде и не застана над местото каде што беше Детето." Ѕвездата од Вторите Небеса се појавила, и се движела и се запрела некое одредено време над одреденото место. Кога мудрецитте стигнале на одредиштето, ѕвездата таму запрела.

Ако таа ѕвезда била ѕвезда од Првите Небеса, тоа би предизвикало огромно влијание на целиот универзум, затоа што сите ѕвезди во Првите Небеса се движат по точно одредена своја траекторија. Можеме да светиме дека ѕвездата којашто ги водела трите мудреци, не била една од оние, од Првите Небеса.

Бог ја придвижил ѕвездата од Вторите Небеса, за да не предизвика никакво влијание на универзумот од Првите Небеса. Бог го отворил просторот на Вторите Небеса, за да можат мудреците да ја видат таа ѕвезда.

Маната што им била дадена на синовите Израелеви

Исход 16:4 гласи, "Тогаш ГОСПОД му рече на Мојсеја, 'Ете, ќе направам да ви падне леб, како дожд од Небесата; народот нека отиде и нека собира онолку, колку што му е потребно за тој ден, па така ќе ги искушам, и ќе видам дали ќе се придржуваат до законот Мој, или не.'"

Како што рекол дека ќе 'паѓа леб, како дожд од Небесата', Бог им ја дал маната на синовите Израелеви, додека талкале по пустината, во текот на 40 години. Маната наликувала на семето на кориандерот, а изглелот и бил како на бделиумот. По вкус била слична на колачи печени со масло. Како што е објаснето во Библијата, постојат многу записи за настаните каде што портите на просторот на Вторите Небеса, се отвориле за просторот на Првите Небеса.

Глава 4 Правда

> Можеме да решиме било каков проблем
> и да ги добиеме благословите и одговорите одзгора,
> ако правилно ја сватиме праведноста Божја
> и ако делуваме во согласност со неа.

АПравдата Божја

Бог секогаш ја одржува Својата праведност

Делувањето според правилата на правдата Божја

Двете страни на правдата

Повисоката димензија на правдата

Верата и покорноста – основни правила на правдата

"Твојата правда ќе блесне како светлина, и судот Твој како пладневица."

(Псалм 37:6)

Постојат некои проблеми, коишто не можат да се решат со човечките методи. Но можат веднаш да исчезнат, ако Бог ги понесе во срцето Свое.

На пример, некои одредени математички проблеми, што учениците во основните училишта ги сметаат за многу тешки за решавање, претставуваат ништо во очите на студентите на факултет. На истиот таков начин, ништо не е невозможно за Бог, бидејќи Тој е Владетелот над сите Небеса.

За да можеме да ја доживееме силата на семоќниот Бог, мораме да ги познаваме начините, преку кои ќе можеме да ги примиме одговорите од Него, и да ги практикуваме истите. Можеме да го решиме секој проблем и да ги добиеме одговорите и благословите од Бога, ако правилно ја сватиме правдата Божја, и делуваме во согласност со неа.

Правдата Божја

Правдата се однесува на правилата што Бог ги има поставено, и нивното прецизно извршување. Поедноставно кажано, слично е со правилото 'причина и ефект'. Постојат правила коишто прават одредени причини, да дадат одредени резултати.

Дури и неверниците кажуваат дека го жнееме она што сме го посеале. Една корејска поговорка гласи вака, "Ќе пожнееш грав, онаму каде што си посеај грав, и ќе пожнееш црвен грав, онаму каде што си посеал црвен грав." Гледајќи ги ваквите правила, мораме да бидеме свесни дека правилата на правдата, се постриктни во вистината Божја.

Библијата ни кажува, "Посакајте, и ќе ви се даде; барајте и ќе најдете; почукајте, и ќе ви се отвори" (Матеј 7:7). "Ви го кажувам ова, оној кој што сее скржаво, скржаво и ќе жнее, а оној кој што сее обилно, обилно и ќе жнее" (2 Коринтјани 9:6). Постојат неколку примери за правилата на правдата.

Исто така постојат и правила за последиците, коишто настануваат заради гревовите. Римјаните 6:23 гласи, "Затоа што платата за гревот е смртта, а благодатниот дар Божји е животот вечен во нашиот Господ, во Исуса Христа." Изреки 16:18 гласи, "Гордоста врви пред уништувањето, а високоумноста пред паѓањето." Јаков 1:15 гласи, "Потоа похотата зачнува и раѓа грев; а направениот грев, раѓа смрт."

Освен овие правила, постојат исто така и правила што неверниците не можат навистина да ги сватат. На пример, Матеј 23:11 гласи, "А поголемиот меѓу вас, нека ви биде слуга." Матеј 10:39 гласи, "Оној кој што ќе го најде животот свој, ќе го загуби, а оној кој што го загуби животот свој заради Мене, ќе го најде." Дела 20:35 во вториот дел гласи, "Поблажено е да се дава, отколку да се зема." Ако неверниците се трудат да ги разберат, нема да можат, па дури и си мислат дека се погрешни.

Но Словото Божјо никогаш не е погрешно, и никогаш не се менува. Вистината којашто светот ја кажува, се менува со текот на времето, а зборовите Божји, коишто се запишани во Библијата, имено правилата за правдата, се исполнуваат онака, како што се запишани.

Затоа, ако правилно ја сватиме правдата Божја, ќе можеме да ја согледаме причината на некој проблем, и да го решиме истиот. Исто така, ќе можеме и да ги примиме одговорите за желбите на нашите срца. Библијата ни ги објаснува причините зошто ни се јавуваат болести, зошто страдаме од финансиски проблеми, зошто немаме мир во семејството, или зошто ја губиме благодетта Божја, кога ќе се сопнеме на нашиот пат на вистината.

Ако можеме да ги сватиме правилата на правдата коишто се запишани во Библијата, тогаш ќе можеме да ги примиме благословите и одговорите на нашите молитви. Бог предано ги одржува правилата што Самиот ги има воспоставено, па затоа, ако делуваме во согласност со нив, дефинитивно ќе ги примиме благословите и одговорите за нашите проблеми.

Бог секогаш ја одржува Својата праведност

Бог е Создателот и Владетелот над сите нешта, но ниту Тој Самиот, никогаш не ги прекршил правилата на правдата. Тој никогаш не рекол, "Јас ги направив тие правила, но не мора Самиот да ги почитувам." Тој во сè делува, токму онака како што е според правдата, без и најмала грешка.

Сето тоа е така, за да може да нè ослободи од нашите гревови според правилата на правдата, заради кои Синот Божји, Исус Христос, дошол на земјата и умрел на крстот.

Некои луѓе можеби ќе речат, "Зошто Бог едноставно не го уништи ѓаволот и да ги спаси сите луѓе?" Но, Тој никогаш нема да го стори тоа. Тој воспоставил правила на правдата, кога го правел планот за човечката култивација, уште на самиот почеток, и се раководи според тие правила и Самиот. Затоа и направил толку големата жртва, кога го жртвувал Својот Еден и Единороден Син, за да може да го отвори патот на спасението за нас.

Затоа не можеме да го добиеме спасението и да отидеме на Небесата, само преку обичната исповед искажана со нашите усни, "Верувам!" и преку нашето присуство на богослужбите во црквата. За таквото нешто да се случи, мораме да бидеме во рамките на спасението, коишто се поставени од страна на Бога. За да можеме да се здобиеме со спасението, мораме да веруваме во Исуса Христа, како во нашиот личен Спасител, и да му се покоруваме на Словото Божјо, со тоа што ќе ги живееме нашите животи според правилата на Божјата правда.

Освен за овој проблем околу спасението, постојат и многу други делови во Библијата, во коишто ни се објаснува правдата на Бога, Кој што исполнува сè, според законите на духовниот свет. Ако можеме да ја сватиме таа правда, потоа ќе ни биде многу лесно да ги решиме нашите проблеми со гревот. Со тоа ќе ни биде лесно да ги примиме благословите и одговорите, исто така. На пример, што треба да направите, за да ги добиете одговорите на желбите на своите срца?

Псалм 37:4 гласи, "Сета радост твоја нека биде во ГОСПОДА; и Тој ќе ги исполни желбите на срцето твое." За да бидете во можност навистина да се радувате во Бога, морате прво да Му угодите на Бога. Можеме да најдеме многу начини преку кои ќе можеме да Му угодиме на Бога, запишани во многу делови од Библијата.

Првиот дел од Евреите 11:6 гласи, "А без вера е невозможно да му се угоди на Бога." На Бога можеме да Му угодиме сé до она ниво, до коешто веруваме во Словото Божјо, ги отфрламе гревовите, и стануваме осветени личности. Исто така можеме да Му угодиме на Бога и со нашите напори и понуди, како што направил кралот Соломон, кој што понудил илјада понуди на Бога. Можеме и да работиме доброволна работа за Кралството Божјо. Постојат и многу други начини, исто така.

Мораме да сватиме дека читањето на Библијата и слушањето на проповедите, претставува еден од начините за учење на правилата на правдата Божја. Ако само ги почитуваме тие правила и Му угодуваме на Бога, ќе бидеме во можност да ги примиме одговорите на желбите на нашите срца, и да Му ја оддаваме славата на Бога.

Делувањето според правилата на правдата Божја

Бидејќи јас го прифатив Господа и ја сватив правдата на Бога, бев во можност со големо задоволство да водам живот во верата. Делувајќи според правилата на правдата, ја примив љубовта од Бога и финансискиот благослов.

Бог исто така ни кажува дека ќе не заштити од болести

и катастрофи, ако само го живееме својот живот според Словото Божјо. Бидејќи јас и сите членови од моето семејство го живеевме животот единствено во верата, сите бевме благословени со здравје и никогаш не моравме да одиме во болница, ниту да земаме некакви лекови, од моментот кога го прифатив Господа.

Поради мојата вера во правдата Божја, која што ни кажува дека можеме да го пожнееме она што сме го посеале, уживав да му се предадам на Бога и да Му принесам понуди, иако живеев сиромашен живот. Некои луѓе кажуваат, "Толку сум сиромашен, што немам ништо да Му дадам на Бога." Но токму затоа што бев сиромашен, јас уште поревносно ги давав моите понуди.

2 Коринтјани 9:7 гласи, "Секој нека даде како што одлучил во срцето свое, не жалејќи се и не од принуда, бидејќи Бог го љуби радосниот дарител." Како што веќе спомнав, никогаш не се појавив пред Бога со празни раце.

Секогаш уживав со благодарност да Му принесам понуди на Бога, иако имав малку, па затоа и бев благословен со финансиски благослов. Можев со радост да Му ги дадам понудите, бидејќи знаев дека Бог ќе ме благослови со многу повеќе, дури 30, 60 или 100 пати повеќе од тоа, што јас со вера го давав за Кралството Божјо.

Како резултат на тоа, успеав да го отплатам мојот голем долг, и да се здобијам со многу, од моментот кога бев закован од болеста во постелата, во текот на седум години, па сè до сега, кога веќе ништо не ми недостасува.

Исто така, бидејќи го познавав законот на правдата Божја, кој што кажува дека Бог им ја дава силата на оние кои што се ослободиле од злото и станале осветени, продолжив со отфрлањето на злото од моето срце, ревносно молејќи се и постејќи, за на крајот да ја примам силата Божја.

Денес, неверојатната сила Божја, се манифестира преку мене, бидејќи ја достигнав димензијата на љубовта и правдата, што Бог ја бараше од мене, додека истрајно поминував низ многу искушенија и испитанија. Бог не ми ја даде Својата сила, туку така, безусловно. Тој ми ја даде, следејќи ги во целост правилата на правдата. Затоа непријателот ѓаволот и Сатаната, немаа основа за било каков приговор околу тоа.

Освен тоа, верував и го практикував секое Слово од Библијата, доживувајќи ги сите дела и благослови, запишани во Библијата, исто така.

Таквите дела не ми се случуваат само мене. Ако некој ги свати правилата на правдата Божја, коишто се запишани во Библијата, и ако делува во согласност со нив, исто така ќе биде во можност да ги прими истите благослови што и јас ги примив.

Двете страни на правдата

Обично луѓето си мислат дека правдата е нешто страшно, што е проследено со казни. Се разбира, согласно со правдата, страшните казни ќе ги следат гравовите и злото, но и обратно, со таа правда го добиваме и правото за клучот, којшто ги отклучува благословите и благодетта за нас.

Правдата е слична на двете страни на паричката. За оние кои што го живеат животот во темнината, таа е нешто страшно, но за оние кои што го живеат животот во Светлината, таа е нешто многу добро. Ако еден крадец држи кујнски нож, тогаш тој може да стане алатка за убиство, но ако истиот го држи една мајка, тогаш тој станува алатка за приготвување храна и подготвка на вкусни јадења за семејството.

Затоа, во зависност од тоа на која личност се применува правдата Божја, таа може да биде страшна, или да биде многу радосна. Ако успееме да ги сватиме двете страни на правдата, тогаш ќе можеме да сватиме дека таа се исполнува со љубов, и дека љубовта Божја, исто така се исполнува преку правдата. Љубовта без правда, не е вистинска љубов, а правдата без љубов, не може да биде вистинска правда, исто така.

На пример, што ако ги удирате своите деца скогаш кога ќе направат нешто лошо? Или пак обратно, што ако постојано ги оставате неказнети? И во двата случаја, ќе го постигнете единствено тоа, децата да тргнат по погрешен пат.

Во согласност со правдата, понекогаш морате строго да ги казните децата заради нивните престапи, но исто така не смеете ниту постојано да ги казнувате заради 'правдата'. Понекогаш морате да им дадете уште една шанса, па ако успеат да се одвратат од својот грешен пат, треба да покажете проштевање и милост, понесени со вашата љубов за нив. Но затоа пак, не смеете постојано да покажувате само љубов кон нив. Морате да ги поведете кон правиот пат, ако е потребно и низ стоги казни, исто така.

Бог ни кажува за безграничното простување, во Матеј 18:22, кое гласи, "Не ти велам до седум пати, туку до седумдесет пати по седум."

Во исто време, сепак, Бог ни кажува дека вистинската љубов е понекогаш придружена со казни. Евреите 12:6 гласи, "Затоа што Господ го казнува оној, кој што го сака, го кара секој син кој што го прима." Ако го сватиме овој однос меѓу љубовта и правдата, ќе можеме исто така да сватиме дека, правдата станува совршена во рамките на љубовта, а ако продолжиме да размислуваме за правдата, ќе сватиме дека, во правдата е содржана длабока љубов.

Повисоката димензија на правдата

Правдата исто така има различни димензии, во различните Небеса. Имено, како што се качуваме нагоре по нивоата на

Небесата, од Првите Небеса кон Вторите, Третите и Четвртите Небеса, димензијата на правдата, исто така станува поширока и подлабока. Различните Небеса го одржуваат својот поредок, во согласност со правдата на секое од нив.

Причината зошто постојат разлики во димензијата на правдата во секое од Небесата, лежи во фактот што, димензијата на љубовта во секое од Небесата, исто така се разликува. Љубовта и правдата не можат да се разделат. Колку е подлабока димензијата на љубовта, толку е подлабока димензијата на правдата, исто така.

Ако ја читаме Библијата, можеби ќе ни изгледа дека правдата во Стариот Завет, и онаа во Новиот Завет, се разликуваат помеѓу себе. На пример, во Стариот Завет се кажува, "Око за око," што е принцип на одмаздата, но во Новиот Завет се кажува, "Сакај ги своите непријатели." Принципот на одмаздата се заменил со принципот на проштевањето и љубовта. Дали тоа тогаш значи дека дошло до измена на волјата Божја?

Не, не е така. Бог е дух, и вечно е непроменлив, па срцето и волјата Божја содржани и во Стариот и во Новиот Завет, се исто така исти и непроменливи. Единствено дека, во зависност од тоа до кое ниво луѓето ја достигнале љубовта, до тоа ниво ќе им се примени правдата, и ќе има разлика во тоа. Сè додека Исус не дошол на земјата, и не го исполнил Законот со љубов, љубовта што луѓето можеле да ја сватат, била на многу ниско ниво.

Ако им било кажано да ги сакаат дури и своите непријатели, што претставува многу високо ниво на правдата, тие не би можеле да ја сватат, ниту да ја разберат суштината во сето тоа. Заради таа причина, во Стариот Завет се применувало правилото на правдата, како што било 'око за око', заради воспоставување на ред и поредок.

Но, откако Исус го исполнил Законот со љубов, доаѓајќи на земјата и давајќи си го Својот живот за нас грешниците, нивото на правдата што Бог го бара од нас луѓето, било подигнато на поголем стадиум.

Преку примерот на Исуса, можеме да видиме како нивото на љубовта се подигнало од понизок на повисок стадиум, каде се бара да ги сакаме дури и своите непријатели. Затоа принципот којшто ни кажува 'око за око' не може повеќе да се применува. Бог сега бара од нас таква димензија на правдата, во којашто се применети правилата на проштевањето и милоста. Се разбира, она што Бог навистина го посакува, дури и во ерата на Стариот Завет, е проштевањето и милоста кај луѓето, но тие во тоа време не можеле тоа да го сватат.

Како што е објаснето, како што постојат разлики во димензијата на љубовта и правдата во Стариот Завет и во Новиот Завет, исто така постојат разлики во правдата, во зависност од димензијата на љубовта во секои Небеса.

На пример, ако некоја жена била фатена во дело на прељуба, луѓето кои што делувале според пониското ниво на правда во Првите Небеса, требало веднаш да ја каменуваат. Но Исус, Кој што го поседува повисокото ниво на правда, всушност правдата од Четвртите Небеса, ѝ кажал на жената, "Ниту јас не те осудувам. Оди си и не греши повеќе" (Јован 8:11).

Затоа, правдата се наоѓа во нашите срца, и секоја личност чувствува различна димензија на правдата, во согласност со нивото до коешто го има исполнето своето срце со љубовта, и си го има културирано срцето со духот. Понекогаш, оние кои што го поседуваат пониското ниво на правдата, не можат да ја сватат правдата на оние кои што го поседуваат повисокото ниво на правдата.

Тоа е така затоа што луѓето на телото, никогаш не можат во целост да сватат што Бог прави. Единствено оние кои што си ги имаат културирано своите срца со љубовта и духовниот ум, можат прецизно да ја сватат правдата на Бога и да ја применуваат истата.

Но применувањето на повисоката димензија на правдата, не значи дека сигурно ќе се отфрли или прекрши правдата што се применува на пониската димензија. Исус ја поседувал правдата од Четвртите Небеса, но никогаш не ја игнорирал правдата на овој свет на земјата. Со други зборови кажано, Тој го покажал нивото на правдата од Третите Небеса или повисоко, на оваа земја, во рамките на правилата на правдата, кои владеат на оваа земја.

Слично на тоа, и ние не можеме да ја прекршиме правдата којашто се применува во Првите Небеса, додека живееме тука, во нив. Се разбира, како што се продлабочува димензијата на нашата љубов, така ќе се зголемува и длабочината на правдата, но основните рамки ќе останат исти. Затоа мораме правилно да ги сватиме правилата на правдата.

Верата и покорноста – основни правила на правдата

Па кои се тогаш основите правила и оквири на правдата, што треба да ги сватиме и почитуваме, за да ги примиме одговорите на нашите молитви? Тука се вклучени многу нешта, на пример добрината и скромноста. Но, двата најважни принципа се верата и покорноста. Ние ги примаме одговорите од Бога според правилото на правдата, кога веруваме во Словото Божјо и го почитуваме истото.

Стотникот чијашто приказна е запишана во Матеј, глава 8, имал болен слуга. Тој бил стотник во големата војска на Римското Царство, но се покорил себеси доволно за да може да се појави пред Исуса. Тој исто така поседувал и добро срце, со коешто му пристапил на Исуса, барајќи милост за својот болен слуга.

Причината поради која можел да го прими одговорот лежела во тоа што, пред сѐ, тој во себе ја поседувал верата. Пред да одлучи да пристапи пред Исуса, тој мора да чул многу нешта за Него, од луѓето околу себе. Сигурно чул како слепите прогледувале, немите проговорувале, а болните добивале исцелување.

Слушајќи ги таквите вести, стотникот ја добил довербата во Исуса и се здобил со верата, така што можел да го добие одговорот на желбата на своето срце, да му оздрави слугата, па затоа и пристапил пред Него.

Кога конечно се сретнал со Исуса, тој ја исповедал својата вера, кажувајќи, "Господи, не сум достоен да влезеш под покривот мој, туку само кажи збор, и мојот слуга ќе биде исцелен" (Матеј 8:8). Тој можел да го каже тоа, бидејќи во целост верувал во делата на Исуса, што ги слушал во вестите од луѓето.

За да можеме и ние да ја поседуваме таквата вера, мораме прво темелно да се покаеме заради нецелосното почитување на Словото Божјо. Ако во било која смисла го разочараме Бога, ако не го испочитуваме ветувањето што сме го дале пред Бога, ако не ја запазиме светоста на Господовиот ден, или ако не даваме соодветни десетоци во црквата, тогаш мораме темелно да се покаеме заради тоа.

Исто така мораме да се покаеме заради нашата љубов кон светот и световното, заради немањето мир со ближните, заради негувањето и делувањето според разните видови на зло, како што се избувливоста, иритираноста, фрустрираноста, негативните чувства, зависта, љубомората, караниците и лажливоста. Кога ќе успееме да ги скршиме овие ѕидини на гревот и ќе ја примиме молитвата од страна на моќниот слуга Божји, ќе бидеме во можност да ја добиеме верата, преку која ќе можеме да ги примиме одговорите на нашите молитви, во согласност со правилата на правдата.

Како дополнение на ваквите нешта, постојат и многу други нешта на кои треба да им се покориме, за да можеме да ги примиме одговорите, како што се присуството на разните богослужби, непрестаната молитва и давањето приноси на Бога. За да можеме да покажеме целосна покорност, треба во целост да се откажеме од себеси.

Имено, треба да ја отфрлиме својата гордост, ароганција, самоправедност и самоубеденост во сите наши размислувања и теории, потоа фалбациската гордост на животот, и нашата желба да се потпираме на светот и световното. Откако во целост ќе се покориме себеси и ќе се откажеме од себеси на ваков начин, ќе можеме да ги примиме одговорите, во согласност со законот на правдата, запишан во Лука 17:33, којшто гласи вака, "Кој што сака да го запази животот свој, ќе го изгуби, а кој што ќе го изгуби, ќе го зачува."

Да се разбере и да ѝ се покори на правдата Божја, значи да му се покориме и да го признаеме Бога. Ако Го признаеме Бога, ќе можеме да ги следиме правилата што Тој ги има воспоставено, а вистинската вера секогаш е придружена со делата на покорноста.

Ако сватите дека во вас има некаков грев, додека го рефлектирате Словото Божјо врз себе, ќе треба да се покаете и одвратите од грешните патишта свои. Се надевам дека во целост ќе Му верувате на Бога и ќе се потпрете врз Него. Правејќи така, се надевам дека ќе ги сватите правилата на правдата Божја, и дека ќе ги практикувате, за да ги добиете благословите и одговорите од Бога, Кој што ни дозволува да пожнееме само онолку, колку што сме посеале, и Кој што ни возвраќа во согласност со нашите дела.

Принцеза Цејн Мпологома (Лондон, Обедннето Кралство)

На пола пат околу светот

Јас живеам во Бирмингем. Тоа е едно многу убаво место. Јас сум ќерка на првиот претседател на кралството Буганда, и се омажив со еден благороден, нежен човек од Обединетото Кралство, со кој имаме три ќерки.

Голем број на луѓе ширум светот сакаат да живееат ваков богат живот, но јас не бев вистински среќна. Секогаш чувствував жед во душата, која со ништо не можев да ја изгаснам. Веќе подолг период патев од гастроинтестинални тегоби, што ми предизвикуваа големи болки. Не можев добро ниту да јадам, ниту да спијам.

Исто така ме мачеа и разни болести, вклучувајќи ги тука и високото ниво на холестерол, нарушувањето во срцевото работење, и нискиот притисок. Лекарите ме предупредија дека може да ми се случи срцев или мозочен удар.

Со својот сопруг Давид

Но во август 2005, ми се случи пресвртница во мојот живот. По некоја случајност сретнав еден помошник пастор од Централната Манмин Црква, кој што беше во посета на Лондон. Примив пишани и аудио проповеди од него, коишто многу ме трогнаа. Тие беа базирани на текстовите од Библијата, но дотогаш немав чуено ниту видено, толку длабоки и инспиративни пораки никаде на друго место. Мојата жедна душа најде задоволување, и моите духовни очи ми се отворија, за да можам да го сватам Словото.

Еден ден отидов во посета на Јужна Кореја. Во моментот кога зачекорив во Централната Манмин Црква, почувствував како целото тело ми го обзема смирение. Ја примив молитвата од Преч. Церок Ли. Дури потоа, кога се вратив во Обединетото Кралство, можев да ја сватам љубовта на Бога. Резултатите коишто ги направив на ендоскопија, на 21 октомври, беа во границите на нормалата. Нивото на холестеролот ми беше нормално, а крвниот притисок, исто така ми беше нормален. Сето тоа беше постигнато преку моќната молитва!

Ваквото искуство ми дозволи да се здобијам со голема вера. Имав проблеми со срцето, па затоа му пишав на Преч. Церок

Ли, да се моли за мене. Тој се помоли за мене, за време на една целовечерна богослужба во Централната Манмин Црква, на 11-ти ноември. Неговата молитва ја примив преку Интернет, на пола пат околу светот.

Тој се молеше, "Заповедам во името на Исуса Христа, срцевите проблеми веднаш да исчезнат. Боже Оче, направи таа да оздрави!"

Во моментот кога ја примив молитвата, почувствував силно делување од страна на Светиот Дух. Ќе паднев на земја од таа моќна сила, ако не ме задржеше мојот сопруг. Дури по 30-тина секунди си дојдов на себе.

На 16 ноември направив ангиографија. Тоа беше по сугестија на мојот лекар, бидејќи чувствував проблеми во едната од срцевите артерии. Постапката беше изведена со мала камера, којашто беше фиксирана на малечка цевка. Резултатот беше навистина вчудоневидувачки.

Мојот лекар ми кажа, "Немам видено вака здраво срце во мојата просторија, во последните неколку години."

Почувствував како целото мое тело го обзема возбуда, бидејќи можев да ги почувствувам рацете на Бога, штом ги слушнав зборовите на мојот лекар. Од тој момент одлучив да живеам сосем различен живот од претходно. Од тој момент се трудев да достигнам до срцата на младите луѓе, запоставените и секоја друга личност, која што ја имаше потребата да го чуе евангелието. Бог направи да ми се остварат моите соништа. Јас и мојот сопруг, како мисионери, ја основавме Лондонската Манмин Црква, и почнавме да го проповедаме живиот Бог.

Извадок од Извонредни нешта

Глава 5 Покорност

> Покорување на Словото Божјо, преку едноставното 'Да' и 'Амин', претставува скратен пат до доживувањето на делата Божји.

Целосната покорност на Исуса

Исус ѝ се покорувал на правдата на Првите Небеса

Луѓето што ги доживеале делата Божји преку покорноста

Покорноста е доказ за верата

Централната Манмин Црква го презема водството во евангелизацијата на светот, преку покорноста

"И откако се најде во лик како човек, Тој се понизи Себеси и стана послушен до смрт, дури и до смртта на крстот."

(Филипјаните 2:8)

Библијата ни покажува многу случаи, каде што апсолутно невозможните нешта стануваат возможни, преку силата на Семоќниот Бог. Постојат записи за толку чудесни нешта, како што се запирањето на движењето на сонцето и месечината, разделувањето на водите на Црвеното Море, и минувањето на народот Израелев по сува патека низ него. Таквите нешта не можат да се случат во согласност со правдата од Првите Небеса, но се возможни во согласност со правдата на Третите Небеса и погоре.

За да можеме да ги доживееме таквите дела Божји, мораме да исполниме неколку предуслови. Постојат неколку услови коишто мораат да бидат исполнети, а еден од нив, којшто е многу важен е послушноста, т.е. покорноста. Покорноста кон Словото Божјо со едноставното 'Да' и 'Амин', претставува скратен пат кон доживувањето на делата Божји.

1 Самоил 15:22 гласи, "А Самоил одговори, 'Дали Му се на ГОСПОДА помили сепаленици и приносите, или покорноста кон гласот ГОСПОДОВ? Знај, покорноста е поскапоцена од најдобрата жртва, а послушноста од угоените овни.'"

Целосната покорност на Исуса

Исус во целост ѝ се покорувал на волјата Божја, сѐ до самата смрт на крстот, за да го спаси човештвото, нас луѓето кои што сме грешници. Можеме да добиеме спасение преку верата, само преку истата покорност, којашто ја покажал Исус Христос. За да можеме да сватиме како можеме да бидеме спасени преку верата во Христа, мораме прво да сватиме како човештвото застранило и тргнало по патот на смртта.

Пред да стане грешник, Адам можел да ужива во вечниот живот, живеејќи во Градината Еденска. Но по извршувањето на гревот, со јадењето на плодот од дрвото на познавањето на доброто и злото, што било забрането од страна на Бога, согласно со законот на духовниот свет, што гласи, 'платата за гревот е смртта' (Римјани 6:23), тој морал да умре и да падне во Пеколот.

Но бидејќи Бог знаел дека Адам ќе го наприви својот непокор, Тој уште пред почетокот на вековите, го подготвил Исуса Христа. Тоа го сторил за да може да го отвори патот кон спасението, којшто ќе биде во рамките на правдата Божја. Исус, Словото коешто станало тело, бил роден на земјата во човечко тело.

Поради тоа што Бог искажал многу пророштва за Спасителот, Месијата, непријателот ѓаволот и Сатаната исто така знаеле за Него. Непријателот ѓаволот секогаш барал погодна можност, да го убие Спасителот. Кога трите мудреци кажале дека Исус бил роден, ѓаволот го поттикнал кралот Ирод да ги убие сите новородени машки бебиња, кои што биле под двегодишна возраст.

Ѓаволот, исто така ги поттикнал и злите луѓе, кои што го распнале Исуса. Ѓаволот си мислел дека, ако успее да го убие Исуса, Кој што дошол на земјата да биде Спасител, ќе може да ги поведе сите грешници кон Пеколот, и засекогаш да ги има под своја власт.

Поради тоа што Исус во Себе го немал изворниот грев, ниту некој самоизвршен грев, Тој не можел да биде убиен, согласно со законот на правдата којшто вели, платата за гревот е смртта. Но, ѓаволот сепак, во афект го извршил убивањето на Исуса, и со тоа го прекршил законот на правдата.

Како резултат на тоа, безгрешниот Исус ја надвладеал смртта и воскреснал. Па затоа сега, секој кој што верува во Исуса Христа, може да се здобие со спасение и вечен живот. Во почетокот, согласно со законот којшто кажува дека платата за гревот е смртта, Адам и неговите потомци биле осудени на патот кон смртта, но подоцна се отворил патот кон спасението преку Исуса Христа. Тоа е 'тајната скриена уште од пред вековите' во 1 Коринтјани 2:7.

Исус никогаш не си помислил нешто како, "Зошто да бидам убиен заради грешниците, кога Јас Самиот немам никаков грев?" Тој своеволно го примил крстот и распетието, во согласност со промислата Божја. Токму таа целосна и темелна покорност Исусова, го отворила патот на спасението за луѓето.

Исус □ се покорувал на правдата на Првите Небеса

За време на целиот Свој живот на земјата, Исус во целост ѝ се покорувал на волјата Божја, и го живеел Својот живот според законот на правдата на Првите Небеса. Иако и Самиот ја поседувал Божествената природа, Тој го облекол на Себе човечкото тело, и ги доживел гладта, заморот, болката, тагата и осаменоста, како и сите други луѓе.

Пред да почне со Своето свештенствување, Тој 40 дена постел. Иако бил Господарот над сите нешта, Тој ревносно извикувал во молитвата и постојано се молел. Тој три пати бил ставен на искушение за време на Својот 40-дневен пост, и го избркал со Словото Божјо, без да почувствува и најмало искушение или отргнување од молитвата.

Исто така, Тој ја поседувал и силата Божја, па затоа можел да манифестира голем број на чуда и чудеса, и да изведува чудесни нешта. Но Тој ги покажувал таквите чуда само кога тоа било апсолутно неопходно, во согласност со промислата Божја. Тој ја покажал силата на Синот Божји, кога ја претворил водата во вино и кога ги нахранил 5000 луѓе со пет векни леб и две риби.

Тој, ако сакал, можел да ги уништи оние кои што го исмевале и го распнале. Но, напротив, Тој мирно и со покорност ги примил страдањето и болките на распетието. Тој тогаш ги чувствувал сите страдања и болки, како што би ги чувствувал секој човек, и ја пролеал сета Своја скапоцена крв и вода.

Евреите 5:8-9 гласи, "Тој, иако беше Син, ја научи покорноста од она што го претрпе, и откако се усоврши, им стана на сите кои што Му се покорни, извор за спасението вечно."

Поради тоа што Исус го исполнил законот на правдата

преку Својата целосна покорност, затоа, секој кој што ќе го прифати Господа Исуса и ќе почне да го живее животот во вистината, ќе може да стане слуга на праведноста и да го достигне спасението, без да мора да оди по патот на смртта, како слуга на гревот (Римјаните 6:16).

Луѓето што ги доживеале делата Божји преку покорноста

Иако Самиот бил Син Божји, Исус ја исполнил промислата Божја, со Својата целосна покорност. Па тогаш колку ние, што сме само обични созданија Божји, треба во целост да му се покоруваме на Словото, за да можеме да ги доживееме делата Божји? Целосната покорност е апсолутно потребна.

Во Јован, глава 2, Исус го извел чудото на претворањето на водата во вино. Кога на прославата им снемало вино, Девицата Марија им дала специјални инструкции на слугите, да направат сѐ онака, како што ќа им каже Исус. Исус им рекол на слугите да 'ги исполнат садовите за вода и да ги донесат кај господарот на прославата'. Кога тој пробал од нив, водата веќе била претворена во вино.

Ако слугите не му се покореле на Исуса, не би можеле да го доживеат делото Божјо, на претворањето на водата во вино. Познавајќи го добро законот на покорноста, Девицата Марија им кажала на слугите со сигурност да Му се покорат на Исуса.

Можеме да погледнеме и на покорноста којашто је имал Петар. Петар цела ноќ не успеал да улови ниту една риба. Но, кога Исус заповедал, "Одвеслај кон длабокото и фрлете ги своите мрежи за лов", Петар веднаш се покорил и рекол, "Господару, цела ноќ се трудевме и ништо не уловивме, но на Твојот збор, ќе ги фрлам мрежите пак." И потоа, тие уловиле големо множество риби, толкаво што дури и мрежите почнале да им се кинат (Лука 5:4-6).

Поради тоа што Исус, Кој што бил едно со Богот Создателот, прозборел со изворниот глас, големиот број риби веднаш ѝ се покориле на Неговата заповед, и влегле во мрежите. Но, ако Петар не ѝ се покорел на заповедта Исусова, што би се случило? Ако тој кажал, "Учителе, повеќе знам за фаќањето риба од Тебе. Цела ноќ се обидувавме да фатиме риба, па сега сме навистина уморни. Доволно беше за денес. Ќе биде многу заморно повторно да ги ставаме мрежите во длабокото и да ги вадиме" тогаш, чудото не би можело да се случи.

Вдовицата во Сарепта, во 1 Кралеви, глава 17, исто така го доживеала чудото Божјо, поради својата покорност. По долгата суша, храната којашто ја имала почнала да се намалува, и ѝ останало само малку брашно и масло. Кога еден ден Илија дошол кај неа, и ѝ побарал малку храна, кажувајќи, "Така рече ГОСПОД, Богот Израелев, 'Нема да снема брашно во садот, ниту пак ќе се испразни врчвата со масло, сè додека ГОСПОД повторно не пушти дожд на земјата'" (1 Кралеви 17:14).

Вдовицата и нејзиниот син би требало да чекаат на смртта од изгладнување, по испразнувањето на последните резерви на храна. Но, таа верувала и му се покорила на Словото Божјо, коешто ѝ го кажал Илија. Таа му ја дала сета своја храна на Илија. Тогаш Бог го извел чудото за покорната жена, токму како што ѝ ветил. Садот со брашното и врчвата со масло никогаш не се празнеле, сè додека не завршил сушниот перид. Вдовицата, нејзиниот син и Илија, биле спасени од гладта.

Покорноста е доказ за верата

Марко 9:23 гласи, "'Ако можеш?' Сите нешта се можни за оној кој што верува,"

Тоа е законот на правдата, којшто ни кажува дека ако веруваме, тогаш ќе можеме да ги доживееме делата на Семоќниот Бог. Ако се молиме со вера, тогаш болестите ќе нè напуштат, а ако им заповедаме со вера, демоните од опседнатите со нив, ќе излезат и ќе ги напуштат, а исто така и тешкотиите и искушенијата можат да исчезнат на тој начин. Ако се молиме со вера, ќе можеме да ги примиме финасиските благослови од Бога. Сите нешта се возможни, само ако имаме вера!

Делата на покорноста се тие, кои што сведочат за нашата вера, и за можноста да ги примиме одговорите, во согласност со законот на правдата. Јаков 2:22 гласи, "Гледаш дека верата соработуваше со неговите дела, и дека верата, преку делата стигна до совршенството." Јаков 2:26 гласи, "Имено, како што е мртво телото без дух, така е мртва и верата без дела."

Илија ја замолил вдовицата од Сарепта, да му ја донесе сета своја последна храна. Ако кажела, "Верувам дека си човек Божји, и верувам дека Бог ќе ме благослови и дека храната никогаш нема да ми секне," а не се покорела на тоа, тогаш не би можела да ги доживее делата Божји. Тоа би се должело на фактот, што таа не би го покажала делото на својата вера.

Но вдовицата им верувала на зборовите на Илија. Како доказ на својата вера, таа му ја донела целата своја последна храна, покорувајќи се на неговите зборови. Ова дело на покорноста, посведочило за нејзината вера, па затоа можело да се случи делото на чудото, во согласност со законот за правдата, којшто кажува дека сите нешта се можни за оној кој што верува.

За да можете да добиете визии и да сонувате соништа испратени од Бога, треба верата и покорноста да ви бидат од голема важност. Патријарсите на верата, како што биле Авраам, Јаков и Јосиф, секогаш го имале на ум Словото Божјо, и му се покорувале на истото.

Кога Јосиф бил млад, Бог му испратил сон, кажувајќи му дека ќе стане почитувана личност. Јосиф не само што верувал во сонот, туку и секогаш се присеќавал на него, не менувајќи си го размислувањето сѐ додека сонот не се остварил. Тој секогаш и во секоја прилика го барал делото Божјо, и го следел Неговото водство.

Дури и кога бил роб и затвореник во текот на 13 години, тој во себе немал ниту малку сомнеж во сонот што Бог му го испратил, иако реалноста изгледала сосем спротивна на него. Тој единствено чекорел по правиот пат, покорувајќи им се на заповедите Божји. Бог ја видел неговата вера и покорност, и го исполнил ветениот сон. Сите испитанија завршиле, и тој, на 30 годишна возраст станал вториот по ред, влијателен човек во целото кралство Египетско, веднаш до самиот фараон, кој што бил крал.

Централната Манмин Црква го презема водството во евангелизацијата на светот, преку покорноста

Денес Централната Манмин Црква има повеќе од десет илјади граночни/придружни цркви во светот, и секојдневно го проповеда евангелието по светот преку Интернет или некои други медиуми, како што е сателитската телевизија. Црквата, уште од самиот почеток, па сè до денес, ги покажува делата на покорноста, во согласност со законот на правдата.

Од моментот кога го сретнав Бога, сите мои болести беа излекувани, а ми се оствариja и сништата што ги имав, да станам старешина кој што ќе му угодува на Бога, ќе ја велича Неговата слава, и ќе им помага на сиромашните. Но, еден ден Бог ме повика да станам Негов слуга, кажувајќи ми, "Уште од пред почетокот на времето, Јас те избрав за Свој слуга." Тој ми рече дека, ако се опремам себеси со Словото Божjо, во текот на три години ќе бидам во можност да преминам преку реките, морињата и океаните, и да ги изведувам чудесните знаци, било каде и да одам.

Во реалноста, јас сеуште бев релативно нов верник. Бев интроверзен и сиромашен во мојот говор кон толпата луѓе. Но, јас се покорив на Словото Божјо, без било каков изговор, и станав Негов слуга. Направив сè што е можно од моја страна, да чекорам во согласност со Словото Божјо, коешто е запишано во 66-те книги од Библијата, и се молев низ пост, за да го добијам водството на Светиот Дух. Се покорив токму онака, како што Бог ми беше заповедал.

Кога се подготвував за мега големите крстоносни походи, јас не ги планирав, ниту подготвував на мој начин, туку единствено ѝ се покорував на заповедта Божја. Јас одев таму, каде што Тој ми имаше заповедано да одам. За мега големите крстоносни походи, обично треба неколку години подготовка, но ако Бог ми заповедаше, ние се подготвувавме за само неколку месеци.

Иако немавме доволно парични средства за толку големите крстоносни походи, ако постојано се молевме, Бог секогаш ни помагаше околу финансиите. Понекогаш Бог ми заповедаше да одам на крстоносни походи во земјите, каде што проповедањето на евангелието, всушност и не беше можно.

Во 2002, додека се подготвувавме за крстоносниот поход во Ченаи, Индија, владата на Тамил Наду прогласи нов закон, со којшто се забрануваше преобратувањето. Со тој закон се забрануваше преобратувањето на било која личност, од една религија во друга, со насилни средства, или со употреба на измама или некои слични нешта. Делувањето на тој начин, можеше да доведе до затвор од пет години и казна, ако преобратувањето беше изведено врз "малолетник, жена или личност која што ѝ припаѓа на владеачката каста или племе". Паричната глоба беше 1 Rs., а 1 лак изнесува 100 000 рупии, што е еквивалентно на двеилјади дневна плата.

На нашиот крстоносен поход во Марина бич присуствуваа не само Индиските Христијани, туку и голем број на Индуси, кои што се повеќе од 80 % од целата нација.

Забраната за конверзација која доведува до преобратување, требаше да стапи на сила, уште во првиот ден на крстоносниот поход. Затоа морав да се помирам со фактот дека можам да завршам во затвор, кога го проповедав Евангелието на сцената, за време на крстоносниот поход. Ми беше јавено од некои луѓе, дека полицијата од Тамил Наду ќе дојде и ќе ја снима мојата проповед.

Во таквата ситуација на закана, Индиските свештеници и организациониот комитет се чувствуваа затегнато и напнато.

Но јас собрав храброст и му се покорив на Словото Божјо, затоа што Тој ми го заповеда тоа. Не ми беше страв од апсење или затворање во затвор, и храбро го прогласив Бога за Создателот, а Исуса Христа за Спасителот.

Потоа, Бог изведе некои вчудоневидувачки нешта. Додека проповедав, јас реков, "Ако ја почувствувате верата во своите срца, станете и зачекорете." Во тој момент, едно момче стана и почна да чекори. На момчето претходно, пред да присуствува на крстоносниот поход, карлицата и рскавицата на колкот му беа пресечени во операција, а тие му беа поврзани со метална плоча. Постојано страдало од страшни болки по операцијата, и не можело да оди и чекори без помош на патерици. Но штом јас му заповедав, "Стани и чекори," тој веднаш ги фрли патериците и почна да оди.

Тој ден, како дополнение на чудото со момчето, се случија и други прекрасни нешта на силата Божја. Слепите почнаа да прогледуваат, глувите да прослушуваат, а немите да зборуваат. Луѓето стануваа од инвалидските колички и ги отфрлаа патериците. Вестите за тоа почнаа бргу да се шират во градот, па голем број на луѓе дојдоа следниот ден.

Целосниот износ на луѓето кои што дојдоа да присуствуваат беше околу три милиони, и за чудо, повеќето од 60% беа Индуси. Тие го имаа инду знакот на своите чела. Откако ја слушнаа пораката и посведочија на моќните Божји дела, тие ги извадија знаците и се преобратија во Христијани.

Крстоносниот поход доведе до заедништво на локалните Христијани, па затоа контроверзниот закон за преобратување, беше укинат. Толку многу прекрасни дела се случија преку покорноста кон Словото Божјо. За да можеме да ги доживееме таквите прекрасни дела Божји, на што точно треба да му се покориме?

Како прво, треба да им се покориме на 66-те книги од Библијата.

Не смееме да му се покоруваме на Словото Божјо само тогаш, кога Тој Самиот ќе се појави пред нас, и ќе ни каже што треба да правиме. Мораме секогаш да им се покоруваме на зборовите коишто се запишани во 66-те книги од Библијата. Треба да ја сватиме волјата Божја, и да ѝ се покоруваме преку зборовите од Библијата, покорувајќи им се на пораките што секојдневно се проповедаат во црквата. Имено, зборовите што ни кажуваат што мораме да правиме, да не правиме, да зачуваме или да отфрлиме, ги претставуваат правилата на законот на правдата на Бога, па затоа мораме да им се покориме.

На пример, ако чуете дека морате да се покаете за своите гревови од сѐ срце, плачејќи и лигавејќи се од носот. Тоа е така, бидејќи таков е законот којшто ни кажува дека можеме да добиеме одговори од Бога, единствено ако го срушиме ѕидот на гревот што стои меѓу нас и Бога (Исаија 59:1-2). Исто така, слушате дека треба да викате при молењето. Тоа е така, бидејќи таква е методата што ни ги носи одговорите од Бога, во согласност со законот, што диктира дека го јадеме плодот на нашата пот и макотрпна работа (Лука 22:44).

За да можеме да го сретнеме Бога и да ги примиме Неговите одговори, прво мораме целосно да се покаеме заради своите гревови, и извикувајќи во молитвата, да бараме од Бога што ни е потребно. Ако некоја личност успее да го сруши ѕидот на гревот, ако се моли со сета своја сила, и ги покаже делата на својата вера, тогаш таа ќе може да го сретне Бога и да ги прими Неговите одговори. Таков е законот на правдата.

Како второ, мораме да им веруваме и да им се покоруваме на зборовите на слугите Божји, со кои е Бог.

Веднаш по отворањето на црквата, еден пациент болен од рак, беше донесен на носилка во црквата, за да може да присуствува на богослужбата. Јас му кажав да се подисправи во седечка положба, за да присуствува на богослужбата. Неговата сопруга го придржуваше одзади, а тој едвај да можеше да седи за време на богослужбата. Мислите ли дека не знаев дека му беше тешко да седи, бидејќи беше многу болен и беше донесен на носила? Но јас го советував да го направи тоа, бидејќи така ми беше наложено преку инспирацијата дадена од страна на Светиот Дух, и тој се повинува на тоа.

Гледајќи го неговото покорување, Бог веднаш го удостои со божествено исцелување. Имено, сите болки што ги чувствуваше му исчезнаа, а тој можеше да стане и самиот да чекори.

Исто како што и вдовицата од Сарепта, им се покорила на зборовите на Илија, кој што бил човек Божји, и болниот човек ја покажа покорноста, правејќи го она што Бог го побара од него. Тој немаше да може, да биде излекуван само преку неговата вера. Но ја почувствува исцелувачката сила Божја, затоа што им се покори на зборовите на човекот Божји, кој што ја изведуваше силата Божја.

Како трето, мораме да им се покоруваме на делата на Светиот Дух.

Како следно, за да можеме да ги примиме одговорите од Бога, мораме веднаш да го следиме гласот на Светиот Дух, којшто ни се дава за време на нашата молитва, и за време на слушањето на проповедите. Тоа е така, затоа што Светиот Дух, Кој што пребива во нас, нѐ води кон патот на благословите и одговорите, во согласност со законот на правдата.

На пример, за време на проповедта, ако Светиот Дух нѐ поттикне да се молиме уште повеќе по богослужбата, тогаш мораме да ѝ се покориме на таа заповед. Ако го сториме тоа, ќе бидеме во можност да се покаеме за своите гревови, што долго време не ни биле простени, или да го примиме дарот на јазиците, според благодетта Божја. Понекогаш, некои од благословите можат да ни дојдат уште за време на молитвата.

Кога бев нов верник, морав прво напорно да работам на градилиштето, за да врзам крај со крај. Си доаѓав дома со толку заморено тело, затоа што сакав да заштедам и од парите за автобус. Но, ако Светиот Дух ми го придвижеше срцето и ми наложеше да донирам одредена сума на црквата, заради нејзината изградба, или заради жртва благодарница, јас веднаш се покорував на таквата желба.

Парите ги давав без да употребам некои мои мисли и размислувања. Ако немав пари, тогаш се заветував дека ќе му дадам на Бога, до некој одреден датум. И успевав да дојдам до пари, вложувајќи ги сите свои напори, и на одредениот датум му ги давав на Бога. Како што се покорував, така Бог ме благословуваше сѐ повеќе и повеќе, со нештата што ги беше подготвил за мене.

Бог го гледа нашето покорување и ни ги отвора вратите на одговорите и благословите. На мене лично, Тој ми ги даде одговорите на моите мали, или големи желби, но не само финансиски нешта. Тој ми даваше што и да посакам ако Му се покорував со вера.

2 Коринтјани 1:19-20 гласи, "Затоа што Синот Божји, Исус Христос, Кого го проповедавме меѓу вас – јас, Силуан и Тимотеј – не беше да и не, туку единствено имаше да во Себе. Затоа што ветувањата Божји, колку и да се, во Него се да; затоа преку Него е нашето Амин, за славата на Бога преку нас."

За да можеме да ги доживееме делата Божји, во согласност со законот на правдата, треба да ги покажеме делата на нашата вера, преку нашата покорност. Исто како што Исус го поставил Својот пример, ако и ние, безусловно изразиме покорност, без разлика на ситуацијата или околностите, тогаш Божјите дела ќе почнат во голема мерка да ни се прикажуваат. Се надевам дека сите вие безусловно ќе Му се покорите на Словото Божјо, со едноставното 'Да' и 'Амин', и дека ќе ги доживеете делата Божји во вашите секојдневни животи.

Др. Пол Равиндран Понрај (Ченаи, Индија)
- Виши службеник во Кардио-торакалната Хирургија, во Општата Болница во Саутемптон, Обединето Кралство.
- Архивар при Кардио-торакалната Хирургија, во Болницата Св. Ѓорѓи, Лондон, Обединето Кралство.
- Виши архивар при Кардио-торакалната Хирургија, Болница ХАРТФИЛД, во Мидлсекс, Обединето Кралство.
- Кардио-торакален хирург во болницата Вилингдон, Ченаи

Силата на Бога, што ја надминува медицината

Јас употребував помазани шамивчиња, коишто им ги давав на голем број пациенти, и видов како тие оздравуваат. Секогаш си носам марамче во џебот на мојата кошула, кога сум во операционата сала, додека вршам операција. Би сакал да го споделам со вас чудото што се случи во 2005.

Еден млад човек, на возраст од 42; кој што по професија беше градежен изведувач, од државата Тамил Наду, дојде кај мене со болест на коронарната артерија, и требаше да му се изведе операција на ставање на бајпас на коронарната артерија. Го подготвив за операција и тој беше подложен на неа. Тоа беше едноставна операција на вградување 2 бајпаса (без пумпа) изведена при отчукување на срцето. Операцијата заврши по околу два и пол часа.

По затворањето на неговите гради, состојбата му стана нестабилна, со ненормално ECG и паѓање на крвниот притисок.

Повторно му го отворив градниот кош и видов дека вградениот бајпас беше во совршена состојба. Тој веднаш беше префрлен во лабараторијата за катетеризација, за да му се направи ангиограмска проверка. Таму се дозна дека сите крвни садови во срцето и ногата му се згрчиле, и дека нема проток на крв. Причината за тоа не можеме да ја најдеме дури и ден денес.
Немаше веќе надеж за тој млад човек. Тој беше однесен во операционата сала, а врз него се изведуваше надворешна масажа на срцето, а кога повторно му се отвори градниот кош, добиваше и директна масажа на срцето, во текот на 20-тина минути. Беше поврзан со машина за плука и срце.
Му се дадоа најразлични лекови за опуштање на грчот, но без видлива реакција. Крвниот притисок на пумпата постојано беше од 25 до 30 mmHg, во текот на 7 часа, а јас бев свесен дека дотокот на крв и кислород при таков притисок, не беше адекватен за функционирање на неговиот мозок.
По истекот на 18 часовната борба и 7 часовното пумпање на срцето, без видлив позитивен резултат, одлучивме да го затвориме градниот кош и да го прогласиме пациентот за мртов. Клекнав на колена и се помолив. Реков, "Боже, ако тоа е

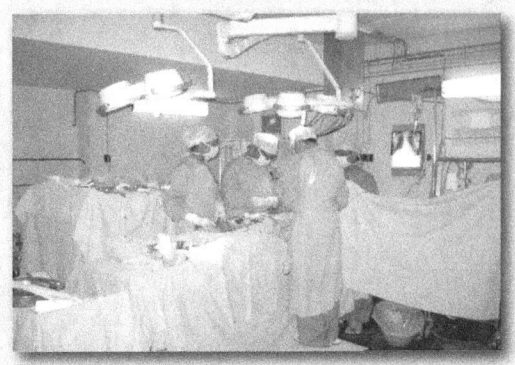

Др. Пол Понрај ја изведува операцијата (центар)

она што го посакуваш, нека биде така." Со молитва ја започнав операцијата и носев со себе во џебот, едно помазано шамивче, коешто ми беше дадено од Др. Церок Ли, и се присетив на зборовите од Дела 19:12. Станав по молитвата и влегов во операционата сала, додека му се затвораше градниот кош, пред пациентот да се прогласи за мртов.

Наеднаш се случи неочекувана промена, и ситуацијата кај пациентот стана апсолутно нормална. ECG-то му стана сосем нормално. Целиот тим беше шокиран од случајот, а еден од тимот, кој што беше неверник, кажа дека Богот, во Кога имаш вера, те испочитува. Да, навистина, кога чекорите во верата, вие сте постојано среде чудата и завршувањето на катастрофите. Овој млад човек излезе од болницата без неуролошки дефицит, освен што имаше мал оток на десната нога. Тој потоа посведочил за овој случај во ќелијата за молитва, и рекол дека тој ќе го посвети својот живот на Божјата работа, бидејќи примил втор живот од Него.

Извадок од Извонредни нешта

Глава 6 — Вера

> Ако ја имаме целосната сигурност во верата, ќе можеме да ја доведеме долу силата Божја, дури и во навидум невозможни ситуации.

Искреното срце и целосната сигурност во верата

Односот меѓу верата и искреноста

Побарајте со целосна сигурност во верата

Авраам имал искрено срце со целосна сигурност во верата

Да се култивира искреното срце и целосната сигурност во верата

Тестови на верата

Пакистанскиот крстоносен поход

"... да пристапиме со искрено срце, со целосна сигурност во верата, откако ќе ги очистиме срцата од зла совест со попрскување, и откако ќе го измиеме телото со чиста вода."

(Евреите 10:22)

Луѓето примаат одговори од Бога, но во различна мерка. Некои ги примаат одговорите само преку една молитва или само преку кажување на желбата во своето срце, додека други пак, мораат да Му понудат на Бога многу денови во молитва и пост. Некои од луѓето манифестираат знаци, ја контролираат силата на темнината и ги лечат болните преку молитвата во верата (Марко 16:17-18). Од друга страна пак, некои луѓе само кажуваат дека се молат со вера, но за време на нивната молитва не се случуваат знаци и чудеса.

Ако некој страда од некоја болест иако верува во Бога и постојано се моли, тогаш треба да ја преиспита својата вера. Зборовите во Библијата ја претставуваат вистината и никогаш не се менуваат, па затоа ако некоја личност ја поседува верата што може да биде признаена од страна на Бога, ќе може да ги прими одговорите на било која своја желба. Исус ни има ветено во Матеј 21:22, "И сѐ што ќе побарате во молитвата со вера, ќе добиете." Која е причината што луѓето примаат одговори од Бога, во различни мерки?

Искреното срце и целосната сигурност во верата

Евреите 10:22 гласи, "... да пристапиме со искрено срце, со целосна сигурност во верата, откако ќе ги очистиме срцата од зла совест со попрскување, и откако ќе го измиеме телото со чиста вода." Искреното срце во овој стих, се однесува на вистинското срце коешто во себе воопшто нема лага. Тоа е срцето што наликува на срцето на Исуса Христа.

Едноставно кажано, целосната сигурност во верата, претставува совршена вера. Тоа значи целосно да се верува во сите зборови од 66-те книги од Библијата, без воопшто сомнеж, и да се запазуваат сите Заповеди Божји. До она ниво до коешто поседуваме искрено срце, до тоа ниво можеме да го поседуваме совршеното срце. Исповедта на оние луѓе, кои што го имаат постигнато вистинското срце, претставува искрена исповед во верата. Бог веднаш им одговара на молитвата, на ваквите луѓе.

Голем број на луѓе ја исповедаат својата вера пред Бога, но има разлика во искреноста на нивната исповед. Постојат луѓе чии што исповеди на верата се 100% вистинити, бидејќи срцата им се 100% искрени, додека од друга страна постојат луѓе, чии што исповеди на верата се само 50% вистинити, бидејќи срцата им се само 50% искрени. Ако срцето на една личност е само 50% искрено, Бог тогаш ќе ѝ каже, "Твојата доверба во Мене, е само половична." Искреноста содржана во исповедта на верата на некоја личност, ја претставува нејзината мерка на верата, којашто е признаена од страна на Бога.

Односот меѓу верата и искреноста

Во нашиот однос со другите луѓе, постојат разлики во кажувањето дека имаме доверба во некоја личност, и во вистинското ниво на доверба кон неа. На пример, што им кажуваат мајките на своите деца кога ги оставаат сами дома? Тие кажуваат, "Треба да се однесувате добро и да останете внатре во куќата. Деца, имам доверба во вас." Но, дали мајката навистина има доверба во нив?

Ако мајката навистина има доверба во своето дете, не би имала потреба да каже, "Ти верувам." Таа едноставно би кажала, "Ќе се вратам тогаш и тогаш." Но секогаш додава нешто во кажувањето, ако нејзиното дете не е баш од доверба. Можеби ќе додаде нешто како, "Само што исчистив, па затоа одржувај ја куќата во ред. Не ги допирај моите козметички средства, и не пуштај го шпоретот на гас." Значи, таа ги спомнува сите нешта коишто ѝ создаваат непријатни мисли, и пред да излезе му кажува на детето, "Имам доверба во тебе, па затоа послушај ги моите зборови..."

Ако количеството на доверба ѝ е дури помало, иако ќе му

спомне на детето што да прави, таа ќе се јави по телефон и ќе провери што прави. Тогаш ќе праша, "Што правиш сега? Сѐ ли е во ред?" и ќе се обиде да дознае што прави тоа во моментот. Таа кажала дека има доверба во своето дете, но во срцето тоа не во целост така. Има големи разлики во мерката на довербата на родителите, кон своите деца.

Не некои деца можете да им верувате повеќе од другите, во согласност со тоа, колку искрени и доверливи навистина се тие. Ако постојано ги слушаат своите родители, тогаш тие можат да имаат 100% доверба во нив. Ако таквите родители кажат, "Имам доверба во тебе," тогаш тоа навистина е точно.

Побарајте со целосна сигурност во верата

Ако детето, во кое што родителите имаат 100% доверба побара нешто, тогаш тие можат да му ја исполнат желбата. Тие немаат потреба да го прашаат, "Што ќе правиш со тоа?" "Навистина ли ти треба тоа сега?" итн. Тие едноставно можат да му го дадат тоа што го сака, мислејќи си, 'Сигурно го бара тоа, бидејќи има неопходна потреба за тоа. Нема ништо залудно да се потроши.'

Но ако родителите не ја поседуваат целосната мерка на довербата, тогаш ќе дадат дозвола единствено кога ќе ја сватат вистинската причина за барањето на детето. Колку помалку доверба имаат, толку помалку веруваат во зборовите на своето чедо, и се колебаат да ја дадат дозволата за нештото, што детето го бара од нив. Ако детето е упорно во своето барање, тогаш родителите можеби ќе му ја исполнат желбата, но не затоа што му веруваат, туку затоа што било многу настојчиво во барањето.

Овој принцип делува на истиот начин и меѓу нас и Бога. Дали го поседувате искреното срце, за да може Бог 100% да ја признае вашата вера, кажувајќи ви, "Сине мој, ќерко моја, со цврста сигурност веруваш во Мене!"

Не би требало да бидеме оние кои што добиваат од Бога, само затоа што постојано го бараат тоа од Него. Треба да бидеме во состојба да ги примиме сите нешта што ќе ги побараме, поради чекорењето во вистината во сѐ и поради тоа што немаме ништо што би можело да нѐ осуди (1 Јован 3:21-22).

Авраам имал искрено срце со целосна сигурност во верата

Причината зошто Авраам можел да стане таткото на верата, лежи во фактот што ги поседувал вистинското срце и целосната сигурност во верата. Авраам верувал во ветувањето Божјо и никогаш, во никоја ситуација, не изразувал сомнеж околу тоа.

Бог му ветил на Авраама, кога тој бил на 75-годишна возраст, дека од него ќе произлезе голем народ. Но повеќе од 20 години од тој момент, тој не можел да зачне син. Кога бил на 99-годишна возраст, а жена му Сара на 89, и кога биле веќе многу стари за да имаат дете, Бог им кажал дека ќе добијат син по една година. Римјаните 4:19-22 ни ја објаснува оваа ситуација.

Гласи вака, "И не ослабна во верата, мислејќи на своето, веќе умртвено тело, бидејќи беше на околу стогодишна возраст, и на умртвеноста на Саринатa утроба; туку, верувајќи во ветувањето Божјо, не се поколеба, туку зајакна во верата, оддавајќи Му ја славата на Бога, во потполност сигурен дека Бог ќе го направи она што го ветил. Затоа тоа му се призна како праведност."

Иако таквото нешто било апсолутно невозможно за човечките способности, Авраам никогаш не покажувал сомнеж, туку секогаш во целост верувал во ветувањето Божјо, и Бог можел да ја признае неговата вера. Бог му дозволил, следната година да го добие синот Исак, токму онака како што и му ветил.

Но, за да може Авраам да стане татко на верата, требало да помине уште еден тест. Авраам го добил Исака на својa 100-годишна возраст, и тој добро растел и се развивал. Авраам многу го сакал својот син. Тогаш, Бог му наредил на Авраама да го понуди Исака како жртва сепаленица, на истиот начин, на којшто се нуделе кравите или јагнињата. Во Старозаветните времиња, кога се нудела жртва сепаленица, прво ѝ се отстранувала кожата, а потоа животното било сечено на парчиња, па дури потоа се нуделo преку огнот.

Евреите 11:17-19 многу добро ни објаснува како Авраам делувал во тој момент, "Авраам со вера го принесе Исака како жртва, кога беше искушуван, и тој, што го доби ветувањето, го принесе својот единствен син, за кого му беше речено, "Потомството од Исака, ќе се нарече по името твое." Затоа што сметаше дека Бог е силен, и дека и мртви може да воскреснува, па го прими Исака како преобраз на воскресението" (Евреите 11:17-19 ESVUK).

Авраам го врзал Исака на олтарот, и се подготвувал да го заколе со ножот. Во тој момент, ангел Божји се појавил пред него и рекол, "Не спуштај ја раката врз детето, и не прави му ништо; зашто сега знам дека имаш страв пред Бога, затоа што не го задржа од Мене ниту својот син, својот единец" (Битие 22:12). Преку овој тест, била признаена Авраамовата совршена вера од страна на Бога, и се докажал себеси за достоен и квалификуван, за да стане Татко на верата.

Да се култивира искреното срце и целосната сигурност во верата

Некогаш во некои ситуации од минатото, јас немав воопшто надеж и единствено ја очекував смртта. Но сестра ми ме поведе во црква, и само преку клекнувањето во светилиштето Божјо, јас почувствував дека сум излекуван од сите мои болести, преку силата Божја. Сето тоа беше одговор на сите молитви од страна на сестра ми, и постот што го спроведуваше за мене.

Бидејќи ја примив огромната љубов и благодет Божја, веднаш сакав да дознаам што повеќе за Него. Присуствував на многу оживувачки состаноци, покрај бројните богослужби, за да можам да го научам Словото Божјо. Иако на градилиштето изведував тешка физичка работа, сепак секогаш бев присутен на утринските молитвени состаноци, секое утро. Единствено што сакав, беше да го чујам Словото Божјо и да ја дознаам волјата Божја, најдобро што можам.

Кога пасторите нѐ поучуваа за волјата Божја, јас веднаш ѝ се покорував. Така слушнав дека едно чедо Божјо не смее да пуши, ниту да пие алкохол, па веднаш ги остави тие нешта. Откако дознав дека мораме да му ги даваме на Бога нашите десетоци и приноси, никогаш не престанав да ги давам, сѐ до денешен ден.

Како што продолжив да ја читам Библијата, правев сѐ што Бог ни кажува да правиме, и го запазував она, што Тој ни кажуваше да го запазиме. Не правев ништо, што Библијата не кажуваше да не го правиме. Се молев и постев да ги отфрлам нештата, што Библијата ни кажуваше да ги отфрлиме. Ако ми беше тешко да ги отфрлам тие нешта, тогаш се оддавав на пост, за да можам да го сторам тоа. Бог ги виде моите напори да му се оддолжам на Бога за Неговата милост, па ми ја подари скапоцената вера.

Мојата вера во Бога стануваше сѐ поголема и поцврста секој ден. Никогаш не се сомневав во Бога, во било каква ситуација на испитание или тешкотија. Како резултат на покорноста кон Словото Божјо, моето срце се измени во искрено срце, во коешто нема лага. Си го менував срцето во добро и чисто срце, за што повеќе да наликува на срцето на Господа.

Како што е кажано во 1 Јован 3:21, "Возљубени, ако срцето не нѐ осудува, тогаш ја имаме смелоста пред Него;", јас можев било што да побарам од Бога, поседувајќи ја сигурната вера, и да ги примам одговорите од Него.

Тестови на верата

Во меѓувреме, во февруари 1983, по отворањето на црквата, бев подложен на голем тест на мојата вера. Трите мои ќерки и еден млад човек беа најдени отруени од гасот јаглен моноксид, во едно неделно утро. Тоа се случи веднаш по петочната целовечерна богослужба. Изгледаше дека е невозможно да преживеат, бидејќи го вдишувале гасот речиси цела ноќ.

Очите им беа превртени и имаа пена во устите. Во телата немаа воопшто сила, и беа сосем опуштени. Им кажав на членовите на црквата да ги стават на подот од светилиштето, отидов до олтарот, и му ја понудив на Бога, молитвата на благодарноста.

"Боже Оче, Ти благодарам. Ти си Оној, Кој што дава, и Ти си Оној, Кој што зема. Ти благодарам што ги одведе моите ќерки во прегратката на Господа. Ти благодарам, О Боже, што ги одведе во Кралството Твое, каде што не постојат солзи, тага или болка."

"Но, бидејќи младиот човек е само член на црквата, Те молам да го оживееш. Не сакам овој инцидент да го осрамоти Твоето име..."

По молитвата кон Бога на овој начин, прво се молев за младото момче, а потоа за моите три ќерки, една по друга. Тогаш, за нецели неколку минути откако се помолив за нив, сите четворица станаа и беа со чиста свест, затоа што ги кажав молитвите за нив.

Поради тоа што навистина Му верував и Го сакав Бога, и ја понудив мојата молитва благодарница без да имам било какви негативни чувства или тага во срцето мое, затоа Бог, трогнат од таквата моја молитва, го покажа своето големо чудо. Сите наши членови се здобија со поголема вера, преку овој инцидент. Мојата вера, исто така беше признаена од страна на Бога и можев да ја примам големата сила од Него. Имено, така научив како да го истерувам отровниот гас, иако тој не е жив организам.

Ако сме ставени на тест за нашата вера, ако ја покажеме непроменливата вера кон Бога, тогаш Тој ќе ја признае нашата вера, и ќе нѐ награди со многу благослови. Дури и непријателот ѓаволот и Сатаната нема да можат повеќе да нѐ обвинуваат, бидејќи и самите ќе видат дека нашата вера е вистинита.

Од тој момент натаму, јас можев да ги надминам сите искушенија, секогаш привлекувајќи се уште повеќе до Бога, преку искреното срце и совршената вера. Секојпат кога тоа ќе се случеше, ја примав уште поголемата сила одозгора. Со така дадената сила Божја, која ми беше дадена од Бога, Тој ми дозволи да ги изведам прекуморските крстоносни походи, почнувајќи од 2000-та година.

Во 1982 година, пред отворањето на црквата, кога го понудив мојот 40-дневен пост, Бог со радост го прифати и ми ги даде мисиите на Светската Евангелизација и на изградбата на Големото Светилиште. Дури и по пет или десет години, сепак не можев да го видам начинот преку кој би можел да ги исполнам до крај тие мисии. Но, имајќи ја верата во Бога, дека еден ден ќе ги исполнам, постојано се молев за тоа.

17 години по отворањето на црквата, Бог нѐ благослови со исполнувањето на Светската Евангелизација, преку мега големите прекуморски крстоносни походи, на кои се случуваше манифестирање на вчудоневидувачката сила Божја. Почнувајќи со Уганда, потоа ги изведовме обединетите крстоносни походи во Јапонија, Пакистан, Кенија, Филипините, Индија, Дубаи, Русија, Германија, Перу, Демократска Република Конго,

Соединетите Американски Држави, па дури и во Израел, каде што проповедањето на Евангелието е речиси невозможно. За време на овие крстоносни походи се случуваа прекрасни дела на исцелување на луѓето. Голем број на луѓе се преобратија од Хиндуизам и Ислам во Христијанство. Во голема мерка Му ја оддававме славата на Бога.

Кога дојде моментот за тоа, Бог ни дозволи да објавиме голем број на книги, преведени на различни јазици, за да го проповедаме Евангелието преку разни изданија. Тој исто така ни дозволи да го основаме Христијанскиот ТВ Канал, наречен Глобална Христијанска Мрежа (GCN), потоа мрежата на Христијански лекари, Светската Христијанска Докторска Мрежа (WCDN), а сето тоа беше со цел да шират делата на силата Божја, коишто се манифестираа преку оваа наша црква.

Пакистанскиот крстоносен поход

Постојат голем број на случаи коишто ги надминавме со верата, во текот на прекуморските крстоносни походи, но јас би сакал посебно да ви зборувам за Пакистанскиот крстоносен поход, којшто се одржа во октомври, 2000.

На денот кога се случуваше обединетиот крстоносен поход, требаше да одржиме конференција на свештениците. Иако веќе добивме одобрение од владата, локацијата каде што требаше да се одржи конференцијата беше затворена тоа утро. Мнозинството од населението во Пакистан се Муслимани. Поради тоа постоеја закани за терористички напади, за време на нашиот Христијански состанок. Затоа што нашиот состанок беше многу добро рекламиран во медиумите, Муслиманите се обидуваа да го попречат нашиот крстоносен поход.

Затоа владата ненадејно го смени својот став, и ја откажа дозволата за користење на местото, и го блокираше пристапот на луѓето кои што доаѓаа да присуствуваат на конференцијата.

Јас сепак не се чувствував вознемирено или изненадено. Наместо тоа, во срцето си кажав, "Конференцијата ќе почне утре напладне." Ја исповедав својата вера, додека вооружен полициски службеник ја блокираше портата, и изгледаше дека нема воопшто шанси да дојде до промена во мислењето на владините претставници.

Бог однапред знаеше дека нештата ќе се случуваат на тој начин, па затоа го подготви министерот за култура и спорт на Пакистан, кој што ќе го реши овој проблем. Тој бил во Лахоре на бизнис патување, па тргнал кон аеродромот, за да се врати во Исламабад, па кога слушнал за нашата ситуација, веднаш ги повикал полициските и владините претставници и овозможи одржување на состанокот. Тој дури и го одложи полетувањето, за да дојде и да ја посети локацијата каде што се одржуваше конференцијата.

Со помош на вчудоневидувачкото дело Божјо, дојде до отворање на портите, и голем број на луѓе почнаа да влегуваат, извикувајќи и возкликнувајќи од радост. Тие се прегрнуваа и леа солзи радосници, оддавајќи Му ја славата на Бога. Тоа се случи точно напладне!

Следниот ден, за време на крстоносниот поход, се случи манифестација на големите дела на Божјата сила среде толпата луѓе, за прв пат во Христијанската историја на Пакистан. Исто така се отвори и патот за мисионерската работа на Блискиот Исток. Од тогаш па наваму, Му ја оддаваме славата на Бога во секоја земја, во којашто сме биле на крстоносен поход, каде што присуствуваа голем број на луѓе и каде што се манифестираа големите, моќни дела Божји.

Исто како што можеме да ја отвориме секоја врата, ако имаме "калауз," исто така, ако ја поседуваме совршената вера, ќе можеме да ја повикаме долу силата Божја, која ќе делува среде најневозможни ситуации. Тогаш можат сите проблеми да се решат во еден миг.

Исто така, иако има можност да се случуваат несреќи, природни катастрофи или некои заразни болести, ние би биле заштитени од страна на Бога, приближувајќи Му се со своето искрено срце и совршена вера. Можеби злите луѓе што имаат голема власт и авторитет ќе се обидат да ги остварат своите лоши планови, но ако ги поседуваме искреното, вистинито срце и совршената вера, ќе можеме да Му ја оддаваме славата на Бога, исто како што и Даниел го направил тоа, кој што бил заштитен, кога бил ставен во лавовското дувло.

Првиот дел од 2 Летописи 16:9 гласи, "Затоа што ГОСПОД, со своите очи гледа по целата земја, за да им даде храброст на оние, чии што срца се сосем искрени кон Него." Дури и чедата Божји, во животот се соочуваат со некои поголеми или помали проблеми. Во тие часови, Бог очекува тие во целост да се потпираат на Него, и да се молат имајќи совршена вера.

Оние кои што доаѓаат пред Бога имајќи вистинито срце, ќе се покаат во целост заради своите гревови, кога тие ќе бидат откриени. Откако ќе го добијат простувањето, ќе се здобијат со доверба, и ќе се приближат до Бога, во целосната сигурност во верата (Евреите 10:22). Се молам во името на Господа и вие да го сватите овој принцип, да се приближите до Бога со своето искрено срце и совршена вера, за да можете да ги примите одговорите на сите ваши молитви.

Примери од Библијата II

Третите Небеса и просторот на третата димензија

Третите Небеса се онаму, каде што е лоцирано Кралството Небесно. Просторот што има карактеристики на Третите Небеса, се нарекува 'просторот на третата димензија'.

Во летата, кога е многу топло и влажно, кажуваме дека областа наликува на тропско подрачје.

Тоа не значи дека топлиот и влажен воздух од тропското подрачје, се преселил во тоа место.

Тоа значи дека временските прилики од тоа подрачје, стануваат слични со карактеристиките од тропското подрачје.

Според истиот тој принцип, ако нештата од Третите Небеса се случат во Првите Небеса (физичкиот простор во којшто ние живееме), тоа нема да значи дека некој одреден дел од просторот на Третите Небеса, се спуштил во Првите Небеса.

Се разбира, кога Небесните војски, ангелите или пророците, патуваат до Првите Небеса, портите што ги поврзуваат Третите и Првите Небеса, ќе бидат отворени.

Исто како што астронаутите мораат да имаат вселенски костум за да одат по месечината или во вселената, исто така, и суштествата коишто доаѓаат од Третите Небеса во Првите Небеса, мораат да го 'облечат' просторот на третата димензија.

Некои од патријарсите запишани во Библијата го имаат доживеано просторот на Третите Небеса. Тоа обично се случувало кога ангелите ГОСПОДОВИ им се појавувале, и им помагале во некои ситуации.

Петар и Павле се ослободени од затворот

Дела 12:7-10 гласи, "И ете, ангел Господов наеднаш се појави и светлина блесна во ќелијата; и го чукна Петра одстрана и го разбуди, кажувајќи му, "Брзо стани." И веригите му паднаа од рацете. Тогаш ангелот му рече, "Препаши се и обуј ги сандалите свои." И Петар направи така. Па му рече, "Стави ја наметката своја и следи ме." И излезе тој и тргна по него, и не знаеше дека тоа што англеот го прави е вистинито, туку мислеше дека гледа привид. Откако ја минаа првата и втората стража, стигнаа до железната порта којашто води во градот, а таа самата им се отвори; и откако излегоа и поминаа една улица, ангелот веднаш си замина од него."

Дела 16:25-26 гласи, "Околу полноќ, Павле и Сила се молеа и со песна Го славеа Бога, а затворениците ги слушаа; и одеднаш стана силен земјотрес, толку силен, што ги стресе основите на занданата; и во истиот миг сите врати се отворија, и веригите на сите им паднаа."

Тоа биле настаните, кога Петар и Павле биле затворени во занданата без било каква вина, само заради проповедањето на Евангелието. Тие биле прогонувани додека го проповедале Евангелието, но воопшто не се жалеле заради тоа. Наместо тоа Му ја оддавале славата на Бога и се радувале на фактот, што им било овозможено да страдаат за името на Господа. Поради исправноста на нивните срца, во согласност со правдата од Третите Небеса, Бог испратил ангели да ги ослободат. Веригите или железните порти, воопшто не претставувале проблем за ангелите.

Даниел преживеал во лавовското дувло

Кога Даниел бил премиер на Персиската Империја, некои од луѓето што му завидувале, ковале завери да го уништат. Како последица на тоа, тој бил фрлен во лавовското дувло. Но Даниел 6:22 гласи, "Мојот Бог го испрати ангелот Свој, и им ги затвори устите на лавовите, за да не ме повредат, бидејќи сум невин пред Него; а и пред тебе, О кралу, јас сум без вина." Тука, 'Мојот Бог го испрати ангелот Свој, и им ги затвори устите на лавовите,' означува дека просторот на Третите Небеса ги прекрил и се надвиснал над нив.

Во Кралството Небесно, во Третите Небеса, дури и животните што се страшни и крвожедни тука на земјата, како што се лавовите, не се воопшто насилни, туку токму спротивно, се нежни и пријатни. Па така, и лавовите тука на земјата, исто станале нежни и пријатни, кога просторот од Третите Небеса ги прекрил и се надвиснал над нив. Но, ако тој простор се крене, тогаш тие повторно ќе се вратат на својата изворна, насилна природа и карактеристики. Даниел 6:24 гласи, "Кралот тогаш заповеда да се доведат оние кои што го беа оптужиле Даниела, и да ги фрлат во лавовското дувло; и ги фрлија, и нив, и жените нивни, и децата нивни; па уште пред да го допрат дното на дувлото, лавовите ги грабнаа и им ги здробија коските нивни."

Даниел бил заштитен од страна на Бога, бидејќи воопшто немал грев. Злите луѓе се обиделе да најдат некоја причина да го обвинат, но не можеле да најдат ниту една. Тој, исто така, се молел и кога животот му бил под закана. Сите негови дела биле исправни, и во согласност со правдата на третата димензија, па заради таа причина, просторот од третата димензија го прекрил лавовското дувло, и Даниел воопшто не бил повреден во таа ситуација.

Глава 7 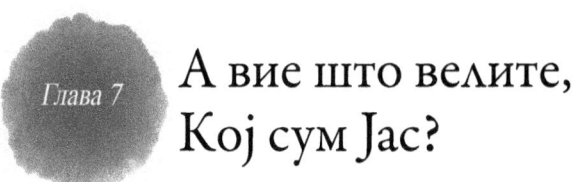 А вие што велите, Кој сум Јас?

> "Ти си Христос, Синот на живиот Бог."
> Ако направите ваква исповед во верата,
> од дното на срцето свое,
> таа ќе биде проследена со вашите дела.
> Бог ги благословува оние, кои што ја прават таквата исповед.

Важноста на исповедта со усните

Петар чекорел по водата

Петар ги примил клучевите од Небесата

Причината поради која Петар
ги примил прекрасните благослови

Практикувајте го Словото Божјо,
ако верувате дека Исус е вашиот Спасител

Да се примат одговорите пред Исуса

Примањето на одговорите преку исповедта со усните

Тој им рече, "А вие што велите, Кој сум Јас?" Симон Петар одговори и рече, "Ти си Христос, Син на живиот Бог." Исус одговори и му рече, "Благословен си ти, Симоне, сине Јонин, затоа што телото и крвта не ти го открија тоа, туку Мојот Отец, Кој што е на Небесата." Исто ти велам дека ти си Петар, и дека врз тој камен ќе ја изградам црквата Моја; и дека портите на Адот нема да ја надвладеат." И ќе ти ги дадам клучевите на Кралството Небесно; па што и да сврзеш на земјата, ќе се појави веќе сврзано на Небесата, и што и да развржеш на земјата, ќе биде веќе развржано на Небесата."

(Матеј 16:15-19)

Некои земени брачни двојки, ретко си кажуваат "Те сакам," во текот на целиот свој брачен живот. Ако ги прашате, ќе кажат дека срцето е важно, и немаат потреба постојано да го кажуваат тоа. Се рабира, срцето е многу поважно, од едноставната исповед со усните.

Без разлика колку пати кажуваме "Те сакам," ако таа љубов не потекнува од срцето, зборовите стануваат бескорисни. Но, не би ли било подобро, ако можеме да го исповедаме она што го имаме во срцата? Во духовна смисла, тоа е исто.

Важноста на исповедта со усните

Римјаните 10:10 гласат, "...затоа што, една личност со срцето свое верува, заради праведноста, а со устата се исповеда, заради Спасението."

Се разбира, она што е нагласено во овој стих, е фактот дека треба да веруваме со срцето. Не можеме да го добиеме спасението, само преку исповедта со усните, "Верувам," туку преку верата којашто е во нашите срца. Но, сепак мораме со усните да го исповедаме она што го чувствуваме во своите срца. Зошто е тоа така?

За да ни се укаже на важноста на исповедта со усните. Оние кои што го исповедаат она во што веруваат, но го прават тоа само со своите усни, без да ја поседуваат верата во своите срца, не можат да го прикажат доказот за својата вера, а тоа се делата на верата.

Но, оние кои што навистина, во срцето свое, веруваат и се исповедаат со своите усни, го покажуваат доказот за својата вера, со таквото дело. Имено, тие го прават она, што Бог им рекол да го прават, и не прават ништо од она, што Бог им рекол да не го прават; и го запазуваат она, што Бог им рекол да го запазат, и го отфрлаат она, што Бог им рекол да го отфрлат.

Затоа Јаков 2:22 гласи, "Гледаш дека верата соработуваше со неговите дела, и дека верата, преку делата стигна до совршенството." Матеј 7:21 исто гласи, "Не секој што Ми кажува, 'Господи, Господи,' ќе влезе во Кралството Небесно, туку ќе влезе оној, кој што ја исполнува волјата на Отецот Мој, Кој што е на Небесата.." Имено, се покажува дека можеме да бидеме спасени единствено тогаш, кога ќе ја следиме волјата на Бога.

Ако ја направиме исповедта на верата, што произлегува од нашите срца, тогаш таа ќе биде проследена со дела. Тогаш Бог ќе ја смета таа вера за вистинита, и ќе ни одговори и ќе нѐ води кон патот на благословите. Во Матеј 16:15-19, можеме да видиме дека Петар примил толку големи благослови преку исповедта на верата, што произлегла од дното на неговото срце.

Исус ги прашал учениците, "А вие што велите, Кој сум Јас?" Петар одговорил, "Ти си Христос, Син на живиот Бог." Како можел да ја направи така величествената исповед на верата?

Во Матеј 14, можеме да прочитаме за ситуацијата, каде што Петар ја искажал извонредната исповед на верата. Тоа се случило кога Петар чекорел по водата. Според човечкото знаење и искуство, не е поимливо и сватливо, еден човек да чекори по водата. Исусовото чекорење по водата, самото по себе е прекрасно и величествено, но уште повеќе ни го привлекува вниманието и тоа, кога Петар исто така, зачекорил по водата.

Петар чекорел по водата

Кога Исус Самиот се молел во гората, среде ноќта Тој им пришол на Своите ученици, кои биле на бродот, што го удирале брановите. Учениците си помислиле дека Тој е дух. Замислете си само како некој, среде ноќ, приѓа кон вашиот брод! Учениците биле стаписани и крикнале од страв.

Исус им рекол, "Бидете храбри, Јас сум; не плашете се." А Петар одговорил, "Господи, ако си тоа Ти, заповедај ми да дојдам кај Тебе по водата." Исус одговорил, "Дојди!" и Петар излегол од бродот, и зачекорил по водата, одејќи кон Исуса.

Петар можел да чекори по водата, но тоа не било резултат на неговата совршена вера. Тоа можеме да го уочиме од фактот што се плашел и почнал да тоне, кога го видел ветрот. Исус посегнал кон него, го фатил и рекол, "Ти имаш мала вера, зошто се сомневаше?" Но, ако Петар не зачекорил по водата заради својата совршена вера, зошто тогаш се случило тоа?

Иако тоа не можело да се случи само заради неговата вера, тој сепак длабоко верувал во Исуса, Синот Божји, и Го признавал Него, па затоа неколку моменти бил во состојба да чекори по водата. Тука можеме да сватиме нешто многу важно: од голема важност е да се исповедаме со усните, кога веруваме во Господа, и да Го признаеме Него.

Пред Петар да оди по водата, тој се исповедал, "Господи, ако си тоа Ти, запведај ми да дојдам кај Тебе по водата." Се разбира, не можеме да кажеме дека оваа исповед била целовита. Ако тој 100% верувал во Господа, во своето срце, тој тогаш би се исповедал, "Господи, сè е можно за Тебе. Кажи ми да дојдам до Тебе по водата."

Но, бидејќи Петар не поседувал доволно вера за да може да ја направи совршената исповед, од дното на своето срце, тој кажал, "Господи, ако си тоа Ти." Тој на еден начин барал потврда од Него. Но сепак, Петар се разликувал од другите ученици на бродот, штом го кажал тоа.

Тој ја направил исповедта на својата вера, штом го

препознал Исуса, додека другите ученици, продолжиле да врескаат од страв. Петар верувал и го признал Господа, правејќи ја исповедта од дното на своето срце, па затоа можел да го доживее неверојатното нешто, што единствено можело да се направи само преку сопствената вера и сила, а тоа е да оди по водата.

Петар ги примил клучевите од Небесата

Преку претходно наведеното искуство, можеме да сватиме дека на крајот, Петар сепак ја направил совршената исповед на својата вера. Во Матеј 16:16, Петар кажал, "Ти си Христос, Син на живиот Бог." Оваа исповед се разликувала од онаа, што ја направил кога чекорел по водата. За време на Исусовото свештенствување, не секој верувал и го признавал Него за Месија. Некои Му завидувале и се обидувале да Го убијат.

Постоеле дури и луѓе, кои што Му суделе и Го осудувале, кажувајќи лажни гласини за Него, зборувајќи, 'Тој е луд', 'Тој е опседнат од Велзевул', или 'Тој ги изгонува демоните, бидејќи Самиот е принц на демоните'.

Но, во Матеј 16:13, Исус ги прашал учениците Свои, "Што велат луѓето? Кој е Синот Човечки?" Тие Му одговориле, "Едни велат дека е Јован Крстител; други, Илија; други пак Еремија, или еден од пророците." Постоеле и некои лоши гласини за Исуса, но учениците не ги спомнале и зборувале само за добрите нешта, за да Го охрабрат Исуса.

Тогаш Исус ги прашал, "А вие што велите, Кој сум Јас?" Прв, кој што одговорил на прашањето, бил Петар. Тој рекол во Матеј 16:16, "Ти си Христос, Син на живиот Бог." Во следните стихови можеме да прочитаме дека Исус му ги кажал на Петра, зборовите на благословот.

"Благословен си ти, Симоне, сине Јонин, затоа што телото и крвта не ти го открија тоа, туку Мојот Отец, Кој што е на Небесата" (Матеј 16:17).

"Исто ти велам дека ти си Петар, и дека врз тој камен ќе ја изградам црквата Моја; и дека портите на Адот нема да ја надвладеат." И ќе ти ги дадам клучевите на Кралството Небесно; па што и да сврзеш на земјата, ќе се појави веќе сврзано на Небесата, и што и да разврзеш на земјата, ќе биде веќе разврзано на Небесата" (Матеј 16:18-19).

Петар го примил благословот да стане основата на црквата, и го добил овластувањето да ги прикажува нештата од духовниот свет во овој наш, физички свет. Затоа понатаму, преку Петра се случувале безброј чудеса; сакатите луѓе проодувале, мртвите оживувале, а илјадници се покајувале во ист миг.

Исто така, кога Петар ги проколнал Ананија и Сапфира, кои се обиделе да го измамат Светиот Дух, тие веднаш паднале и издивнале (Дела 5:1-11). Сите тие нешта биле можни, бидејќи апостолот Петар го имал овластувањето кое гласело, сè што ќе сврзе тука на земјата, ќе се појави веќе сврзано на Небесата, и сè што ќе разврзе тука на земјата, ќе биде веќе разврзано на Небесата.

Причината поради која Петар ги примил прекрасните благослови

Која е причината поради која Петар го примил толку големиот благослов? Додека бил со Исуса, како Негов ученик, тој видел безброј дела на силата, кои се манифестирале преку

Исуса. Нештата коишто не би можеле да се направат преку човечките способности, се случувале преку Исуса. Нештата коишто не можеле да се научат преку човечката мудрост, биле прогласувани преку устата на Исуса. Па тогаш што би требало да направат оние личности, кои што навистина веруваат во Бога, и ја имаат добрината во своите срца? Не ли би Го признале, помислувајќи си, 'Ова не е обичен човек, туку е Син на Бога, Кој што се спуштил од Небесата'?

Но, голем број на луѓе не Го познале и признале Исуса, кога Го виделе. Ова особено важи за високосвештениците, свештениците, Фарисеите, книжниците, и другите водачи, кои не сакале да Го признаат.

Некои од нив Му завидувале и Му љубомореле, и се обиделе да Го убијат. Некои Му судите и Го осудувале, потпирајќи се на своите сопствени мисли и размислувања. На Исуса Му било многу жал за нив и рекол во Јован 10:25-26, "Ви реков, и вие пак не верувате; делата што ги правам Јас, ги правам во името на Отецот Мој, и тие сведочат за Мене. Но не верувате, бидејќи не сте од стадото Мое."

Дури и во времето на Исуса, постоел голем број на луѓе, кои Му суделе и Го осудувале, и се обиделе да Го убијат. Но, Неговите ученици, кои постојано биле со Него и Го набљудувале, не биле такви. Се разбира, немале сите иста вера и не го исповедале на истиот начин Исуса, Синот Божји, и Христа, длабоко во своите срца. Но, сепак верувале и Го признавале Исуса.

Петар Му кажал на Исуса, "Ти си Христос, Син на живиот Бог," и тоа не било нешто, што го имал чуено од некого, или што го сватил самиот, преку своите сопствени мисли. Тој можел да го свети тоа, бидејќи ги имал видено делата Божји, кои секогаш Го следеле Исуса. Затоа Бог му дозволил да го свати тоа.

Практикувајте го Словото Божјо, ако верувате дека Исус е вашиот Спасител

Некои луѓе кажуваат со своите усни, "Верувам," единствено затоа што другите луѓе им кажале дека добиваме спасение со нашата вера во Исуса, и дека единствено така, преку присуството на богослужбите, можеме да ги добиеме исцелувањата и благословите. Се разбира, кога за прв пат ќе влезете во црквата, има големи шанси дека не сте доаѓале пред тоа, затоа што сте мислеле дека ја имате доволната вера и знаење. Откако ќе чујат дека можат да ги примат благословите и спасението, само ако присуствуваат на богослужбите, голем број на луѓе си помислуваат, 'Зошто да не се обидам?'

Но без разлика на причината што сте ја имале да дојдете во црквата, по гледањето на чудесните дела Божји, не би требало никогаш да имате исто размислување како пред тоа. Со ова мислам, дека не би требало никогаш да ја исповедате својата вера само со своите усни, кажувајќи дека верувате, а всушност да не е така, туку треба да Го прифатите Исуса Христа за свој личен Спасител, и да им Го предавате на другите луѓе, преку своите дела.

Во мојот случај, јас почнав да живеам сосем различен живот, откако го сретнав живиот Бог, и го прифатив Исуса за свој, личен Спасител. Јас во срцето, можев 100% да верувам во Бога и Исуса.

Секогаш го признавав Господа во мојот живот и Му се поклонував на Словото Божјо. Не инсистирајќи на своите мисли, теории или размислувања, јас во сѐ се потпирав единствено на Бога. Како што е кажано во Изреки 3:6, "Мисли на Него на сите патишта свои, и Тој ќе ти ги исправи патеките твои," бидејќи го признавав Бога во сѐ, Бог секогаш ми ги покажуваше моите патеки.

Потоа почнав да ги примам неверојатните благослови, исти со оние што ги примал и апостолот Петар. Како што Исус му кажал на Петра, "...па што и да сврзеш на земјата, ќе се појави веќе сврзано на Небесата, и што и да развразеш на земјата, ќе биде веќе развразано на Небесата," Бог ми одговараше на мојата вера и ми даваше што ѝ да побарам.

Јас го признав Бога и се ослободив од сите видови на зло, во согласност со Словото Божјо. Кога го достигнав нивото на осветеноста, Бог ми ја подари Неговата сила. Кога ќе ги положев рацете на болните, болестите ги напуштаа и тие веднаш оздравуваа и стануваа исцелени. Кога се молев за оние кои што имаа семејни или финансиски проблеми, тие веднаш се разрешуваа. Бидејќи во сè се потпирав на Бога, ја исповедав мојата вера, и Му угодував со практикувањето на Неговото Слово, Тој ми удоволуваше со исполнувањето на сите желби од срцето мое, и ми дари обилни благослови во мојот живот.

Да се примат одговорите пред Исуса

Во Библијата можеме да видиме дека голем број на луѓе доаѓале пред Исуса, и добивале спасение за нивните болести и слабости, или помош во решавањето на нивните проблеми. Меѓу нив имало и Неверници, но во голем дел биле Евреи, кои што со генерации верувале во Бога.

Но иако верувале во Бога, тие не можеле самите да си ги решат проблемите, или да ги примат одговорите преку својата вера. Тие тогаш со помошта од Исуса оздравувале и добивале исцелување на своите слабости. Сето тоа било резултат на верата и признавањето на Исуса, и покажувањето на доказ за својата вера.

Причината зошто толкав број на луѓе се обидувале да дојдат пред Исуса, па дури и само да ги допрат Неговите алишта, лежи во верата што ја имале во Исуса, за Кого верувале дека не е обична личност, и дека проблемите можат да им бидат решени преку Него, иако верата не им била совршена. Не можеле да ги примат одговорите на проблемите преку својата сопствена вера, но можеле да ги примат кога поверувале, Го признале и дошле пред Исуса.

Тогаш, каков е вашиот случај? Ако навистина верувате во Исуса Христа и кажете, "Ти си Христос, Синот на живиот Бог," Бог ќе ви одговори, гледајќи во вашето срце. Се разбира, исповедта на верата на луѓето кои што присуствуваат на богослужбите веќе подолго време, се разликува од онаа на луѓето кои што се нови во верата. Затоа Бог бара различни видови на исповед со усните, од различни типови на луѓе, во зависност од мерката на верата на секој од нив. Исто како што знаењето на четиригодишното дете и на младото момче се разликуваат помеѓу себе, и во исповедта со усните исто така постојат разлики.

Сепак, не можете овие нешта да ги сватите самите, или да ги чуете од некого, и да ги сватите. Светиот Дух во вас треба да ви го даде разбирањето, а вие треба да се исповедате преку инспирацијата од Светиот Дух.

Примањето на одговорите преку исповедта со усните

Во Библијта постојат записи за голем број на личности, кои што ги примиле одговорите преку својата исповед на верата. Во Лука, глава 18, кога слепиот човек поверувал и Го признал Господа, дошол пред Него и се исповедал, "Господе, сакам повторно да прогледам" (с. 41). Исус му одговорил, "Прогледај; верата твоја те спаси" (с. 42), и тој веднаш прогледал.

Кога луѓето верувале и Го признавале, доаѓале пред Исуса и ја исповедале својата вера, Исус проговорувал со изворниот глас и веднаш им ги давал одговорите на нивните желби. Исус ја има истата сила како и Семоќниот и Сезнаечки Бог. Ако Исус решел нешто во Својот ум, веднаш доаѓало до излекување на болестите, исцелување на слабостите, и решавање на било каков проблем.

Но тоа не значело дека Тој им ги решавал проблемите на сите луѓе, и дека им одговарал на молитвите на сите кои што се молеле. Не е исправно според правдата, да се моли и да ги благословува оние, кои што не веруваат во Него, не Го признаваат, или немаат никаков интерес за Него.

Слично на тоа, иако Петар верувал и Го признавал Господа во своето срце, ако не ја направил исповедта со усните, дали Исус би му ги подарил чудесните зборови на благословот? Исус можел да му го даде на Петар, ветувањето за благослов, без да ја прекрши правдата, бидејќи Петар верувал и Го признавал Него во своето срце, а воедно ја искажал и исповедта за тоа со своите усни.

Ако сакате да присуствувате во свештенствувањето на Светиот Дух, исто како што и Петар го правел за Исуса, тогаш би требало да ја направите исповедта со своите усни, што ќе произлегува од длабочината на вашите срца. Низ таквата исповед со усните, што потекнува од инспирацијата дадена од Светиот Дух, се надевам дека и вие бргу ќе ги примите одговорите на желбите од своите срца.

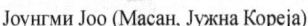

Јоунгми Joo (Масан, Јужна Кореја)

Неканетата, непозната болест, што еден ден ми се случи

Во средината на јануари 2005, видот на левото око наеднаш почна да ми се замаглува, а и видот на двете очи почна да ми слабее. Објектите едвај ги гледав или ми беа сосем нејасни. Голем број од нив ми изгледаа жолто, а правите линии ми изгледаа како да се искривени и разбранувани. За ситуацијата да биде уште полоша, сето тоа беше придружено со повраќање и вртоглавица. Докторот ми рече, "Тоа се нарекува Харада болест. Објектите ти изгледаат грутчести, бидејќи постојат грутки во твоите очи." Тој рече дека причината за болеста сеуште не е позната и дека нормалниот вид не може лесно да се врати, без голем медицински третман. Ако дојде до зголемување на туморите, тие би можеле да ми ги покријат очните нерви, што би довело до целосно губење на видот. Почнав да се молам, и да го преиспитувам мојот живот. Станав благодарен затоа што ќе си останев арогантна личност,

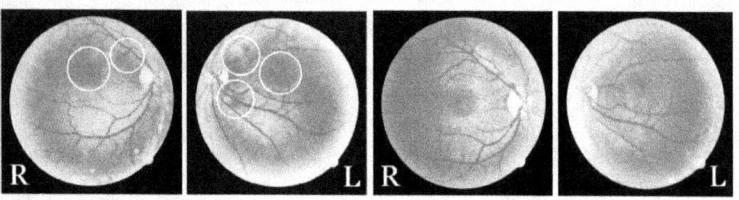

Пред молитвата   Туморите исчезнаа веднаш по молитвата

ако не ми се случеше овој проблем.

Потоа, преку молитвата од Преч. Др. Церок Ли, што се емитуваше преку медиумите, и преку помошта на шамивчето на коешто тој се беше помолил, дојде до исчезнување на мојата вртоглавица и повраќање. "Мртви очни нерви, исцелете се! Светлино дојди!"
Подоцна ја гледав Петочната целовечерна богослужба на ТВ, со мојот совршен вид. Титловите ги гледав чисто и јасно. Можев лесно да се фокусирам на она што сакав да го гледам, и веќе објектите не ми изгледаа нејасно и заматено. Јасно можев да ја видам бојата на било кој објект. Ништо веќе не ми изгледаше жолтеникаво. Алелуја!
На 14-ти февруари отидов на повторно испитување на очите,

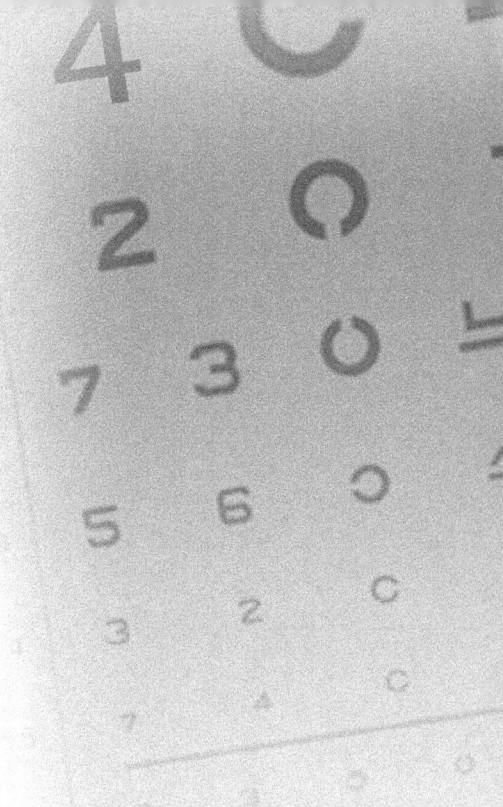

за да се уверам во моето излекување, и да Му ја оддадам славата на Бога. Лекарот ми кажа, "Прекрасно! Очите ви се сосем нормални." Лекарот знаеше за мојот сериозен проблем и беше навистина изненаден од мојата состојба. По деталното испитување, тој потврди дека туморите исчезнале и дека отокот се повлекол. Тој ме праша дали сум поминал низ некаков медицински третман, во некоја друга болница. Јас веднаш му одговорив: "Не! Единствено ја примив молитвата од Преч. Др. Церок Ли, и го примив исцелувањето преку силата на Бога." Видот ми беше 0.8/0.25 пред да ја примам молитвата, но се подобри на 1.0/1.0 по молитвата. Сега видот ми е 1.2 на двете очи.

-Извадок од Извонредни нешта -

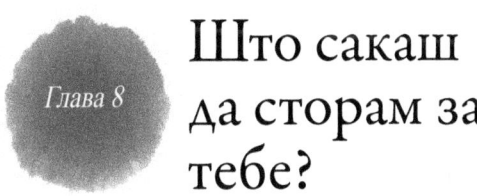

Што сакаш да сторам за тебе?

Глава 8

> Кога Исус рекол,
> "Што сакаш да сторам за тебе?"
> Тој зборувал со изворниот глас.

Да се прими одговорот преку изворниот глас

Имај доверба во Исуса од дното на своето срце

Извикувај кога бараш од Бога

Совршената вера што не се колеба

Фрли ја својата наметка

Бог ја слуша исповедта на верата

"Што сакаш да сторам за тебе?" А тој рече, "Господе, повторно да прогледам!"

(Лука 18:41)

Дури и луѓето што за прв пат доаѓаат во црквата, сепак можат да ги примат одговорите и решението за своите проблеми, ако во срцето навистина веруваат во Бога. Тоа е така, бидејќи Бог е нашиот Отец, Кој што сака да им ги даде сите добри нешта на Своите чеда, како што е запишано во Матеј 7:11, "Па така, ако вие, кои што сте зли, умеете да им дадете добри нешта на чедата свои, колку ли повеќе, вашиот Отец Небесен, ќе им даде добро на оние кои што го молат и бараат од Него!"

Причината поради која Бог ги поставил условите за добивање на одговорите според правдата Негова, лежи во желбата да им овозможи на саканите чеда Божји, да ги примат обилните благослови од Него. Бог не ги поставил сите тие услови, за да може да каже, "Не можам да ти удоволам, бидејќи не успеа да ги исполниш сите стандарди."

Тој нѐ учи на начините со коишто можеме да ги примиме одговорите на желбите на своите срца, решавањето на своите финансиски пролеми, семејни проблеми, или исцелување од болести и слабости. За да можеме да ги примиме одговорите од Бога, според правдата Божја, најбитно е да ја поседуваме големата вера и покорност.

Да се прими одговорот преку изворниот глас

Во Лука глава 18, можеме да прочитаме во детали за слепиот човек, кој што го примил одговорот од Исуса, на желбата на своето срце, кога Исус проговорил со изворниот глас. Тој слушнал дека Исус проаѓал во близина, додека просел по улицата, и извикал со силен глас. "Исусе, Сине Давидов, смилувај ми се!" Луѓето во близината, почнале строго да го прекоруваат заради силниот глас и му кажале да замолчи; но тој и понатаму продолжил да извикува, "Сине Давидов, смилувај ми се!"

Исус го слушнал, застанал и заповедал да му го донесат; и го прашал, "Што сакаш да сторам за тебе?" А слепиот рекол, "Господи, повторно да прогледам!" Тогаш Исус му кажал, "Прогледај; верата твоја те спаси." Веднаш по исказот на Исуса, се случило извонредно нешто. Слепиот во миг повторно прогледал. Присутните што сето тоа го виделе, Му ја оддавале славата на Бога.

Кога Исус рекол, "Што сакаш да сторам за тебе?" Тој зборувал со изворниот глас. Кога слепиот рекол, "Господи, повторно да прогледам!", Господ рекол, "…верата твоја те спаси", исто така со изворниот глас.

'Изворниот глас' е гласот на Бога, на којшто зборувал кога ги создавал Небесата и Земјата, со сите нешта во нив, преку Своето Слово. Така што, овој слеп човек можел да прогледа кога Исус проговорил со изворниот глас, бидејќи ги исполнил потребните услови за добивање на одговорот. Ајде од тука па натаму, да разгледаме во детали, како дошло до исцелувањето на слепиот човек, и до добивањето на одговорот на неговата желба.

Имај доверба во Исуса од дното на своето срце

Исус шетал низ многу градови и села, ширејќи го Евангелието за Кралството Небесно, и го потврдил Своето Слово, преку знаците и чудесата што го следеле Неговото кажување. Сакатите проодувале, лепрозните биле исцелени, а оние кои што имале проблеми со очите или слухот, прогледувале или прослушувале. Немите проговорувале, а демоните биле изгонувани од опседнатите. Поради тоа што вестите за Исуса бргу се ширеле меѓу луѓето, цела толпа луѓе се собирала околу Исуса, било каде и да одел.

Еден ден, Исус отишол во Ерихон. Како и обично, голема

толпа на луѓе биле собрани околу Него, и почнале да Го следат. Во тој момент, слепиот, кој што седел и питачел на улицата, слушнал од толпата дека нешто се случува, и прашал што е тоа. Некој му рекол, "Исус од Назарет ќе пројде тука." Тогаш, слепиот човек без колебање почнал да вика, "Исусе, Сине Давидов, смилуј ми се!"

Причината зошто можел да извикува на тој начин, лежеле во тоа што верувал дека Исус можел да го исцели, и повторно да прогледа. Може да се заклучи и дека верувал во Исуса како Спасител, од фактот што Го нарекол, "Исусе, Сине Давидов."

Тоа се должело на фактот, што секој во Израел знаел дека Месијата треба да дојде од фамилијата на Давид. Причината поради која слепиот можел да го прими одговорот, е затоа што верувал и Го прифатил Исуса, како свој Спасител. Верувањето, исто така, му било без колебање, а Исус можел тоа да го види во неговото срце.

Иако бил слеп и не можел да гледа, тој ги чул вестите за Исуса. Тој чул дека една личност кажала дека Исус ќе дојде, и ќе им ги реши проблемите на луѓето, со Својата моќна сила.

Како што е речено во Римјаните 10:17, "И така верата доаѓа од слушањето," овој слеп човек се здобил со верата дека ќе си го поврати видот, ако само може да дојде до Исуса. Тој длабоко верувал во вестите што ги слушал за Исуса, бидејќи во себе го носел доброто срце.

Слично на тоа, ако во себе го носиме доброто срце, тогаш ќе ни биде многу полесно да се здобиеме со духовната вера, кога ќе го слушаме Евангелието. Евангелието претставува 'добри вести', а вестите за Исуса, исто така биле добри вести. Па така, оние кои што го поседуваат доброто срце во себе, без размислување ги прифаќаат добрите вести. На пример, кога некој ќе каже, "Бев излекуван од неизлечива болест преку молитвата," тогаш луѓето со добри срца, ќе се радуваат заедно со него. Дури и да не веруваат во целост, сепак ќе си кажат, "Навистина е добра работа, ако сето тоа е вистина."

Колку што луѓето стануваат сè полоши и позлобни во своите срца, толку повеќе сомнеж се раѓа кај нив, и тие силно се обидуваат да не веруваат во таквите нешта. Некои од нив дури и судат и осудуваат, кажувајќи, "Тие ги измислуваат таквите нешта, за да ги измамат луѓето." Но, ако речат дека делата на Светиот Дух, коишто се манифестираат преку Бога, се лажни и измислени, тогаш тоа претставува богохулство кон Светиот Дух.

Матеј 12:31-32 гласи, "Затоа ви велам, секој грев и хула ќе им се прости на луѓето, но хулата против Духот нема да се прости. На оној кој што ќе каже нешто против Синот Човечки, ќе му биде простено; но на оној кој што зборува против Духот Свети, нема да му боде простено, ниту во овој век, ниту во векот кој што доаѓа."

Ако ѝ судите на црквата што ги покажува делата на Светиот Дух, треба веднаш да се покаете заради тоа. Единствено кога ѕидот на гревот меѓу вас и Бога ќе биде скршен, вие ќе бидете во состојба да ги примите одговорите од Него.

1 Јован 1:9 гласи, "Ако си ги исповедаме гревовите свои, тогаш Тој е верен и праведен, ни ги простува гревовите и нè очистува од секаква неправда." Ако постои нешто за што би требало да се покаете, се надевам дека темелно и со солзи ќе го сторите тоа пред Бога, и ќе чекорите единствено во Светлината.

Извикувај кога бараш од Бога

Кога слепиот човек слушнал дека Исус ќе помине од таму, тој почнал да вика, "Исусе, Сине Давидов, смилуј ми се!" Тој гласно извикувал кон Исуса. Зошто морал да вика, со така силен глас?

Битие 3:17 гласи, "Затоа што го послуша гласот на жената своја, па проба од плодот на дрвото за познавањето на доброто и на злото, за коешто ти заповедав, 'Од плодот негов нема да јадеш'; бидејќи проклета ќе биде земјата заради тебе; со мака ќе се храниш од неа, во сите денови на животот свој'".

Пред првиот човек, Адам, да проба од плодот од дрвото за познавањето на доброто и на злото, луѓето можеле да јадат од сите други плодови, што Бог им ги обезбедил, колку што ќе посакале. Но, по Адамовиот непокор и прекршувањето на Словото Божјо, гревот се населил во човекот, и тој станал човек на телесното. Од тој момент натаму, ние можеме да го јадеме само она, што сме го стекнале со голема мака.

Тоа е правдата којашто е поставена од страна на Бога. Затоа, единствено преку потта на челото свое, ние можеме да ги примаме одговорите од Бога. Имено, мораме прво ревносно и вредно да се молиме, со сето свое срце, ум и душа, и да извикуваме гласно во молитвата, за да можеме да ги примиме одговорите.

Еремија 33:3 гласи, "Повикај Ме, и ќе ти одговорам, и ќе ти ги откријам големите и недостижни тајни, за коишто ништо не знаеш." Лука 22:44 гласи, "И бидејќи беше во агонија, уште поревносно се молеше; а потта Негова му стана како капки крв, што паѓаа на земјата"

Исто така во Јован 11, кога Исус го оживеал Лазара, кој што бил мртов веќе четири дена, Тој извикал со силен глас, "Лазаре, излези надвор!" (Јован 11:43). Кога Исус ја пролеал сета Своја крв и вода, и издивнал за последен пат на крстот, Тој гласно извикал со силен глас, "Оче, во Твоите раце го предавам Својот дух" (Лука 23:46).

Поради тоа што Тој дошол на земјата во човечко тело, дури и безгрешниот Исус извикал со силен глас, затоа што така требало да биде според правдата Божја. Па како можеме ние, обичните созданија Божји, едноставно и лежерно да седиме и да се молиме на еден лесен начин, без да извикуваме во молитвата, и да очекуваме да ги примиме одговорите за проблемите, што не можат да бидат решени со човечките способности? Затоа, втората причина зошто слепиот човек можел да го прими одговорот, лежела во тоа што тој силно извикувал, барајќи го Исуса, што било исправно според правдата Божја.

Јаков го примил благословот Божји, откако молејќи се силно, го дислоцирал својот колк (Битие 32:24-30). Сѐ додека не паднал дожд, за време на три и пол годишната тешка суша, Илија ревносно се молел, ставајќи ја главата меѓу колената, (1 Кралеви 18:42-46). Можеме многу брзо да го примиме одговорот на нашите молитви, ако го трогнеме срцето на Бога, кога со сета сила, вера и љубов ќе се молиме и ќе извикуваме кон Него.

Да се извикуваат молитвите не значи дека треба да врескаме со досаден, иритирачки глас. Мораме да се обратиме на соодветен начин во молитвата, на оној начин, на којшто можеме да го добиеме одговорот од Бога, за што е поподробно опишано во книгата, 'Продолжи да внимаваш и да се молиш'.

Совршената вера што не се колеба

Некои луѓе кажуваат, "Бог го познава дури и дното на твоето срце, па затоа не е потребно да се извикува во молитвата." Но, тоа воопшто не е така. Слепиот човек бил прекорен и му било речено да замолчи, но тој продолжил да вика уште повеќе.

Тој не се покорил на прекорот од луѓето кои што му кажувале да замолчи, туку продолжил уште повеќе да вика, во согласност со правдата Божја, со уште поемотивно срце. Неговата вера, за еден момент била совршена и непроменлива.

А третата причина зошто го примил одговорот, лежи во фактот што тој ја покажал својата непоколеблива вера, која не се менува во ниту една ситуација.

Кога луѓето го прекориле, ако слепиот човек се навредил заради тоа, или пак навистина замолчел, тој не би можел да си го поврати видот. Но, поради својата цврста вера во можноста да прогледа штом го сретне Исуса, тој не сакал да го пропушти тој момент, иако луѓето го прекорувале. Тој сватил дека тој момент не бил погоден за покажување на својата гордост. Тој исто така не попуштил под ниту еден вид на тешкотии. Продолжил со своето искрено викање и затоа, на крајот го примил својот одговор.

Во Матеј, глава 15, е објаснет случајот со Ханаанската жена, која што со скромно срце, застанала пред Исуса и го примила одговорот од Него. Кога Исус отишол до Тир и Сидон, една жена дошла кај Него, и Го замолила да го изгони демонот што ја опседнал нејзината ќерка. Што и рекол Исус тогаш? Тој рекол, "Не е добро да им се земе лебот на децата, и да им се фрли на кучињата." Кажувајќи децата, се мислело на народот Израелев, а кучињата се однесувало на Ханаанската жена.

Обичните луѓе би се навредиле кога би го слушнале тоа, и би си отишле. Но, оваа жена била различна од обичните луѓе. Таа понизно и скромно ја побарала милоста, кажувајќи, "Да Господи; но дури и кучињата се хранат од трошките што паѓаат од трпезата на господарот свој," "О жено, голема е верата твоја; нека биде според желбата твоја." Нејзината ќерка веднаш, во тој миг, била исцелена. Таа го добила одговорот на своето барање, бидејќи ја отфрлила својата гордост и целосно понизно замолила за милост.

Но, голем број на луѓе, иако доаѓаат пред Бога со желба да решат некој свој голем проблем, едноставно се откажуваат или не се потпираат во целост на Бога, единствено затоа што им биле повредени чувствата поради некое мало нешто. Но, ако навистина ја имаат верата во себе дека ќе им бидат решени тешките проблеми, ако пристапат кон тоа со скромно срце, тогаш би продолжиле и понатаму да Го молат Бога за Неговата милост.

Фрли ја својата наметка

Кога Исус отишол во Ерихон, Тој му ги отворил очите на слепиот човек, па во Марко 10:46-52, можеме да прочитаме дека Тој, исто така му ги отворил очите и на уште еден слеп човек, по име Бартимеј.

Тој исто така викал со силен глас, кога слушнал дека Исус проаѓа во близина. Исус им кажал на луѓето да му го донесат, и мораме да внимаваме што тогаш Тој направил. Марко 10:50 гласи, "Фрлајќи ја својата наметка, тој скокна и дојде пред Исуса." Тоа е причината зошто можел да го добие одговорот: ја фрлил наметката, скокнал и дошол пред Исуса.

Кое е тогаш духовното значење, коешто е скриено во фрлањето на наметката, а било еден од условите за добивањето на одговорот? Наметката на питачот сигурно била валкана и со лоша миризба. Но, сепак била единствената сопственост што питачот ја имал, бидејќи со неа можел да си го покрие и заштити своето тело. Но Бартимеј, кој што го поседувал доброто срце, не сакал да застане пред Исуса, облечен во својата валкана и со лоша миризба наметка.

Исус, Кого што требало да Го сретне, бил света и чиста личност. Слепиот човек знаел дека Исус е добра личност, Која што им давала благодет на луѓето, ги исцелувала и им давала надеж на сиромашните и болните. Па затоа, тој го послушал гласот на својата совест, и сватил дека не смее да застане пред Исуса, наметнат со својата валкана и со лоша миризба наметка.

Тој му се покорил на тој глас и веднаш ја отфрлил наметката.

Случајот се случил пред Бартимеј да го прими Светиот Дух, па затоа го послушал гласот на својата добра совест и му се покорил. Имено, тој веднаш го отфрлил својот највреден посед, својата наметка. Другото духовно значење, коешто е содржано во отфрлањето на наметката, е нашето срце, коешто исто така е валкано и со лоша миризба. Тоа е срцето на невистината, полно со нештата како што се гордоста, арогантноста и многу други валкани нешта.

Тоа нѐ наведува да помислиме дека, за да можеме да застанеме пред Бога, Кој што е целосно свет, мораме да ги отфрлиме сите валкани и со лоша миризба гревови, кои наликуваат на наметката на питачот. Ако навистина сакаме да ги примиме одговорите од Бога, тогаш мораме да го послушаме гласот на Светиот Дух, Кој што нѐ потсетува на нашите гревови од минатото. Потоа треба да се покаеме заради секој од нив. Мораме без колебање, веднаш да му се покориме на гласот на Светиот Дух, и да го направиме тоа што Тој ни го кажува, на начин на којшто тоа го сторил Бартимеј.

Бог ја слуша исповедта на верата

Исус му одговорил на слепиот човек, кој што побарал одговор од Него, со целосната сигурност во верата. Исус го прашал, "Што сакаш да сторам за тебе?" Не знаел ли Исус што сака слепиот? Се разбира дека знаел, но причината поради која сепак прашал, лежела во тоа што прво мора да се чуе исповедта на верата. Значи, според правдата Божја, ние мораме да ја направиме исповедта на нашата вера преку нашите усни, за да можеме да го примиме одговорот на нашето барање.

Исус го прашал слепиот "Што сакаш да сторам за тебе?" бидејќи тој ги исполнил условите за добивање на одговорот.

Откако одговорил, "Господи, повторно да прогледам!" желбата му била допуштена и одговорена. Слично на тоа, ако и ние самите ги исполнуваме условите според правдата на Бога, ќе бидеме во можност да го примиме одговорот, на било која наша молитва.

Дали ја знаете приказната за магичната Аладинова ламба? Според неа, ако ја протриете ламбата три пати, од неа ќе излезе еден џин, и ќе ви исполни три желби. Тоа е само приказна, измислена од страна на луѓето, а ние имаме нешто друго, повчудоневидувачки и прекрасно, што претставува моќен клуч за добивање на одговорите на барањата од нашите срца. Во Јован 15:7 Исус кажал, "Ако пребивате во Мене, и ако зборовите Мои пребиваат во вас, побарајте што и да посакате, и ќе ви биде дадено."

Дали верувате во силата на Семоќниот Бог Отец, Кој што е Семоќен и Сезнаечки? Тогаш можете да пребивате во Господа, и да му дозволите на Словото да пребива во вас. Се надевам дека ќе станете едно со Господа, преку целосната вера и покорност, за да можете храбро да ги исповедате своите желби и да ги примите одговорите на нив, по огласувањето на изворниот глас.

Г-ѓа Акијо Хироучи (Маизуру, Јапонија)

Атријалниот септален дефект на мојата внука беше исцелен!

Во почетокот на 2005, имавме раѓање на сестри близначки во нашето семејство. Но, по околу 3 месеци, втората од близначките доби проблеми со дишењето. Неа ѝ беше дијагностициран атријален септален дефект, со 4.5-mm дупка на срцето. Таа не беше во состојба да ја држи исправено главата, ниту да цица млеко од мајката. Млекото мораше да ѝ се дава преку цевка, вметната низ нејзината ноздра.

Ситуацијата беше критична, па еден педијатар од болницата на Кјото Универзитетот, мораше да дојде дури до градската болница во Маизуру. Телото на бебето беше премногу слабо за да може да се префрли до универзитетската болница, која беше премногу далеку. Па така, таа мораше да го прими третманот во локалната болница.

Пасторот Кеонтае Ким од Манмин црквата во Осака & Маизуру, се молеше за неа, преку шамивчето на коешто Преч. Др. Церок Ли се беше помолил. Пасторот исто така испрати и барање за

молитва, до Главната црква во Сеул, придружено со нејзина фотографија.

Не бев во состојба да присуствувам на богослужбата на Интернет, па затоа ја снимивме Петочната целовечерна богослужба од Централната Манмин Црква, одржана на 10-ти јуни 2005, и потоа целото семејство заедно ја прими молитвата на Преч. Др. Ли.

"Боже Оче, исцели ја, надминувајќи го просторот и времето. Положи ја раката Своја на Мики Јуна, внуката на Хироучи Акијо, во Јапонија. Атријален септален дефект, оди си! Биди изгорен од огнот на Светиот Дух, за детето да оздрави!"

Следниот ден, на 11-ти јуни, се случи чудесно нешто. Бебето сеуште не можеше самото да дише, но сепак имаше огромно подобрување на нејзината состојба, па тие можеа да го отстранат респираторот од неа.

"Навистина е чудо, што бебето толку брзо се опорави!" Лекарите беа вчудоневидени.

Од тогаш наваму, бебето добро си растеше и се развиваше. Во текот на 2 месеца, таа стана 5 kg, а претходно, пред добивањето на молитвата, беше само 2.4 kg! Кога бебето плачеше, нејзиниот глас беше многу посилен, исто така. Бидејќи самиот бев сведок на ова чудо, решив да се регистрирам во Централната Манмин Црква, во август 2005. Светив дека Бог ми даде можност да присуствувам на чинот на божествено исцелување, знаејќи дека тоа ќе ја зацврсне мојата вера во Него.

Гледајќи ја оваа милост и благодет, јас посветено почнав да работам на воспоставувањето на црквата Манмин во Маизуру. Три години по отворањето, црковните членови и јас, му Го понудивме на Бога, купувањето на убавата зграда на светилиштето.

Денеска, јас правам многу доброволни работи за Кралството Божјо. Ја изразувам мојата целосна благодарност, не само за исцелувачката благодет на мојата внука, туку и за милоста Божја, којашто ме поведе кон патот на вистинскиот живот.

- Извадок од Извонредни нешта -

Глава 9

"Ќе ти биде онака, како што си верувал"

> Изворниот глас што излегува
> од устата на Исуса
> оди низ земјата
> и достигнува до крајот на светот,
> манифестирајќи ја Неговата сила
> којашто ги надминува времето и просторот.

Сите созданија му се покоруваат на изворниот глас

Луѓето станале неспособни да го чујат изворниот глас

Причината зошто не можат да ги примат одговорите

Стотникот имал добро срце

Стотникот искусил чудо коешто ги надминува времето и просторот

Моќните дела што ги надминуваат времето и просторот

"И Исус му рече на стотникот, 'Оди си; ќе ти биде онака, како што си верувал.' И слугата негов оздраве во истиот миг."

(Матеј 8:13)

Кога луѓето се во агонија, или страдаат од тешкотиите во животот, кога сѐ им изгледа безизлезно, голем број од нив чувствуваат како Бог е далеку од нив, или како Го врти лицето Свое од нив. Некои од нив, дури и си помислуваат со сомнеж, 'Дали Бог знае дека сум тука?' или 'Дали Бог ги слуша моите молитви?' Тоа е така, бидејќи во себе немаат доволно вера, во Семоќниот и Сезнајниот Бог.

Давид поминал низ толку многу тешкотии во животот, но сепак се исповедал вака, "Ако се вознесам на Небесата, Ти си таму; ако легнам во Шеолот, ете, Ти си и таму. Ако ги земам крилјата на зората и се населам на крајот на морето, и таму, раката Твоја ќе ме води, и десницата Твоја ќе ме држи" (Пслам 139:8-10).

Поради тоа што Бог владее над целиот универзум, и затоа што сите нешта во нив, коишто се над времето и просторот, и над физичкото растојание што човечките суштества ги чувствуваат, воопштно не претставува препрека за Бога. Исаија 57:19 гласи, "'Јас го создавам плодот на усните: Мир, мир на оној, кој што е далеку, и мир на оној, кој што е блиску,' кажа ГОСПОД, 'И Јас ќе го излекувам'" (NKJV). Тука делот, 'Јас го создавам плодот на усните' означува дека Словото дадено од Бога, секако ќе биде исполнето, како што е спомнато во Броеви 23:19.

Исаија 55:11 исто така гласи, "Така и Словото Мое, што излегува од устата Моја; нема да се врати кај Мене без плод, туку ќе го направи она што го посакав, и ќе го изврши она за што сум го испратил."

Сите созданија му се покоруваат на изворниот глас

Бог Создателот ги создал Небесата и Земјата, преку Својот изворен глас. Затоа, сѐ што било создадено со изворниот глас на Бога, Му се покорува на изворниот глас, иако тоа не се живи организми. На пример, денес постојат апарати за препознавање на гласот, што реагираат само на еден одреден човечки глас.

На истиот начин, изворниот глас е вткаен во сите нешта од универзумот, па затоа тие му се покоруваат на изворниот глас, кога тој ќе се огласи.

Исус, Кој што во Својата природа е Самиот Бог, исто така зборувал со изворниот глас. Марко 4:39 гласи, "И стана, и го прекори ветрот, и му рече на морето, 'Замолкни и смири се.' И ветрот стивна, и настана голема тишина." Дури и морето и ветрот, кои немаат уши, ниту живот во себе, му се покориле на изворниот глас. Што би требало, ние човечките битија, кои што поседуваат уши и свест, да направиме? Очигледно е, дека треба да се покориме. Но што е причината, поради која луѓето не се покоруваат?

По примерот за апаратот за препознавање на гласот, да претпоставиме дека постојат стотина слични апарати. Сопственикот, ги поставил машините да работат кога ќе го чујат неговиот глас, и кога ќе каже, "Да." Но, некој ја сменил поставката кај 40 машини. Тој ги поставил машините на таков начин, што тие ќе ја започнат работата, кога ќе го чујат зборот "Не." Па така, тие 40 машини нема да работат, кога сопственикот ќе каже "Да." На истиот тој начин, од непокорот на Адама, луѓето престанале да го слушаат изворниот глас.

Луѓето станале неспособни да го чујат изворниот глас

Адам, всушност бил создаден како жив дух, и тој го слушал и му се покорувал, единствено на Словото Божјо. коешто е вистината. Богот Отецот го учел Адама само на духовното знаење, а тоа било Словото на вистината, но, откако Бог му ја дал слободната волја на Адама, од тој момент, тој можел да одлучи дали ќе ѝ се покори на вистината, или не. Бог не посакува да се здобие со чеда, кои што безусловно и секогаш ќе Му се покоруваат, како да се роботи.

Тој посакувал чеда што доброволно би му се покорувале на Неговото Слово, и би Го сакале од сѐ срце. Но, по одреден долг временски период, Адам бил искушан од Сатаната и го прекршил Словото Божјо.

Римјаните 6:16 гласи, "Дали знаете дека, ако му се предадете некому како робови за послушност, робови сте му на оној, кому му се покорувате, било на гревот, којшто води во смртта, или на послушноста, којашто води кон праведноста?" Како што е кажано, потомците Адамови станале робови на гревот и на непријателот ѓаволот и Сатаната, поради неговиот непокор и непослушност.

Тие тогаш станале предодредени да размислуваат, зборуваат и делуваат, онака како што Сатаната ги потикнувал, и сè повеќе и повеќе натрупувале гревови, за конечно да паднат во смртта. Сепак, Исус дошол на земјата според промислата Божја. Тој умрел како жртва помирница, за да ги откупи гревовите на сите грешници, и потоа воскреснал.

Заради таа причина, Римјаните 8:2 гласи, "Затоа што законот на Духот, кој што дава живот во Христа Исуса, ме ослободи од законот на гревот и на смртта." Како што е кажано, оние кои што во срцата веруваат во Исуса Христа, и кои што чекорат во Светлината, не се повеќе робови на гревот.

Значи дека им е овозможено да го слушаат изворниот глас на Бога, преку својата вера во Исуса Христа. Затоа, оние кои што го слушаат и му се покоруваат на тој глас, можат да ги добијат одговорите на сите свои молитви.

Причината зошто не можат да ги примат одговорите

Некои луѓе можеби ќе прашаат, "Верувам во Исуса Христа и гревовите ми беа простени, па зошто тогаш сеуште не добивам исцелување и оздравување?" Тогаш, дозволете ми да ви го поставам ова прашање: До кое ниво сте му се покориле на Словото Божјо од Библијата?

Дали, додека сте ја исповедале вашата вера во Бога, не сте го сакале светот и световното, не сте ги мамеле другите, или не сте направиле некои лоши нешта, исто како и сите други секуларни луѓе? Би сакал да проверите дали секогаш сте ја запазувале светоста на Неделите, дали сте ги давале соодветните десетоци, и дали во целост сте им се покорувале на Божјите заповеди, коишто ни кажуваат што да правиме, не правиме, зачуваме или отфрлиме.

Ако со сигурност можете да одговорите со „да" на горенаведените прашања, тогаш ќе можете да ги примите одговорите на сите ваши молитви. Дури и да дојде до одложување на одговорот, треба само да Му ја оддавате благодарноста од сé срце на Бога, и во сé, без колебање, да се потпрете на Него. Ако на ваков начин ја покажете својата вера, тогаш Бог без колебање ќе ви ги испрати одговорите на вашите молитви. Тој ќе проговори со изворниот глас и ќе рече, "Ќе ти биде како што си верувал," и сето ќе се случи и ќе биде направено според вашата вера.

Стотникот имал добро срце

Во Матеј, глава 8, е запишан случајот со стотникот, кој што го примил одговорот од Бога, преку неговата вера. Кога дошол пред Исуса, болеста го напуштила неговиот слуга, преку изворниот глас којшто се огласил преку Исуса.

Во тоа време, Израел бил под власта на Римската Империја. Во Римската Армија имало заповедници, некои над илјада, некои над сто, некои над педесет и некои над десет војници. Нивната рангирна титула била во согласност со бројот на војници со кои командувале. Еден од оние кои што биле одговорни за сто војници, Стотникот, бил во Капернаум, Израел. Тој ги чул вестите за Исуса, Кој што поучувал на љубов, добрина и милост.

Исус во Матеј 5:38-39 поучувал, "Сте чуле дека е кажано, 'Око за око, и заб за заб.' Но Јас ви кажувам, не противете му се на злото; туку, ако некој ве удри по десниот образ, свртете му го и другиот исто така."

Исто така, Тој рекол во Матеј 5:43-44, "Сте чуле дека било кажано, 'Сакајте го ближниот, а мразете го непријателот свој.' А Јас пак ви велам, сакајте ги непријателите свои и молете се за оние кои што ве прогонуваат." Оние кои што се добри во срцето, ќе бидат трогнати кога ќе ги чујат таквите зборови.

Но стотникот исто така чул дека Исус, не само што поучувал на добрината, туку и изведувал знаци и чудеса, што биле невозможни со обичните човечки способности. Новостите коишто се слушале, биле за тоа дека лепрозните се очистувале, иако биле сметани за проколнати, слепите прогледувале, немите проговорувале, а глувите прослушувале. Понатаму, хромите почнувале да потскокнуваат, а сакатите да проодуваат. Стотникот им верувал на овие новости.

Но, различен тип на луѓе, различно реагирале на вестите за Исуса. Кога ќе ги виделе делата Божји, еден вид луѓе воопшто не ги разбирале. Поради своите цврси егоцентрични мисловни рамки на верата, наместо да ги прифатат и да поверуваат во нив, тие единствено се обидувале да судат и да осудуваат.

Фарисеите и книжниците, кои што имале свои стекнати права, биле меѓу таквиот вид луѓе. Во Матеј 12:24 е запишано дека дури и кажувале за Исуса, "Овој ги изгонува демоните само преку Велзевул, владетелот на демоните." Тие зборувале зло, поради своето духовно незнаење.

Вториот тип на луѓе, верувале дека Исус е еден од големите пророци и Го следеле. На пример, кога Исус подигнал еден млад човек од мртвите, луѓето кажувале, "И страв ги опфати сите, и почнаа да Го слават Бога, кажувајќи, 'Голем пророк се јави меѓу нас!' и, 'Бог го посети народот Свој!'" (Лука 7:16)

И како трети, постееле луѓе кои што сваќале во своите срца, и верувале дека Исус е Синот Божји, Кој што дошол на земјата, за да стане Спасител на сите луѓе. Човек кој што бил слеп роден, добил исцелување и прогледал кога го сретнал Исуса. Тој рекол, "Откако е веков не се чуло некој да отвори очи на слепороден. Ако Тој не беше од Бога, не би можел ништо да направи" (Јован 9:32-33).

Тој сватил дека Исус дошол како Спасител. Тој се исповедал вака, "Господи, верувам," и Го обожувал Исуса. Слично на тоа, и оние кои што се со добро срце во себе, биле во можност да признаат дека добрите нешта доаѓаат од Исуса, и дека Тој е

Синот Божји, само преку гледањето на делата кои ги изведувал Исус.

Во Јован 14:11 Исус рекол, "Верувајте Ми дека сум во Отецот, и дека Отецот е во Мене; или пак верувајте заради самите дела." Кога би го живееле својот живот во времето на Исуса, во која група на луѓе би припаѓале?

Стотникот бил еден од луѓето, кои што му припаѓале на третиот тип на луѓе. Тој веднаш поверувал во вестите за делата на Исуса, и веднаш отишол да застане пред Него.

Стотникот искусил чудо коешто ги надминува времето и просторот

Која е причината што стотникот го примил одговорот на сојата желба, веднаш по слушањето на Исусовите зборови, "Ќе ти биде онака, како што си верувал"?

Можеме да видиме дека стотникот, со сето срце верувал во Исуса. Тој можел да се покори на било што, што би било кажано од страна на Исуса. Но, најважната работа околу стотникот, е дека пристапил пред Исуса со вистинската љубов за душите.

Матеј 8:6 гласи, "Господи, мојот слуга лежи фатен дома, и многу се мачи." Стотникот пристапил и застанал пред Исуса, не барајќи милост за своите родители, роднини или чеда, туку за својот слуга. Тој болката на својот слуга ја чувствувал како да е своја сопствена, па застанал пред Исуса, Кој што бил трогнат од неговото добро срце!

Парализата е страшна и сериозна ситуација, којашто не може лесно да се излекува, дури ниту од највештите лекари, со помош на најсовремената опрема. Во таквата ситуација човекот не може слободно да ги движи своите раце, па затоа му е потребна помош од другите луѓе. Исто така, во некои случаи човекот мора да добие помош од другите луѓе, за да може да се измие, да јаде, или да се пресоблече.

Ако оваа болест продолжи во текот на долг временски период, многу е тешко да се најде некоја личност, која што би се грижела за болниот со љубов и сочувство, како што е опишано во една стара Корејска поговорка, "Во долгото боледување, не постојат посветени синови." Не постојат многу луѓе, кои што можат да ги сакаат членовите на своите семејства, онака како што се сакаат самите себеси.

Но сепак, понекогаш кога целото семејство искрено и со љубов се моли за болните членови, можеме да видиме дека оние личности кои што го надминуваат ограничувањето на животот, добиваат исцелување или одговори на многу тешките проблеми во животот. Нивната молитва и нивните дела на љубовта, толку многу го трогнуваат срцето на Бога Отецот, што им ја покажува љубовта што ја надминува правдата.

Стотникот ја поседувал таквата целосна вера и доверба во Исуса, знаејќи дека Тој може да го исцели неговиот слуга, кој што бил фатен. Тој Го замолил Исуса за помош, и го примил одговорот од Него.

Втората причина што стотникот можел да го прими одговорот, лежела во тоа што ја покажал целосната совршена вера и волја, во целост да Му се покори на Исуса.

Исус видел дека стотникот го сакал својот слуга како самиот себеси, и затоа му рекол, "Ќе дојдам и ќе го излекувам." Но стотникот рекол во Матеј 8:8, "Господи, не сум достоен да влезеш под покривот мој, туку само кажи збор, и мојот слуга ќе биде исцелен."

Повеќето луѓе би биле пресреќни кога Исус би влегол во нивниот дом. Но центурионот храбро се исповедал како што е горе наведено, покажувајќи ја својата вистинска вера.

Тоа се должело на фактот што го поседувал таквото однесување, со кое веднаш би му се покорил на секое Слово на Исуса. Ова можеме да го видиме, од зборовите зашишани во Матеј 8:9 кои гласат вака, "Затоа што и јас сум човек под власт, со војници под моја власт; па кога ќе му кажам на едниот, 'Оди!' тој оди, а кога ќе му кажам на друг, 'Дојди!' тој доаѓа, а кога на слугата свој му велам, 'Направи го тоа!' и тој го прави." А кога Исус го чул тоа, се зачудил и им рекол на оние кои што го следеле, "Вистина ви велам, кај никого во Израел не најдов толку голема вера."

На истиот тој начин, ако и вие го правите она, што Бог ви кажува да го правите, ако не го правите она, што Бог ви кажува да не го правите, ако го запазите она, што Бог ви кажува да го запазите, и ако го отфрлите она, што Бог ви кажува да го отфрлите, и вие ќе можете со доверба да застанете пред Бога, и да побарате што и да посакате од Него. Тоа е така, бидејќи 1 Јован 3:21-22 гласи, "Возљубени, ако срцето не нѐ осудува, тогаш ја имаме смелоста пред Него; па што и да побараме од Него, го добиваме, затоа што ги запазуваме Заповедите Негови и ги правиме нештата што се благоугодни во очите Негови."

Стотникот ја имал совршената вера, верувајќи во силата на Исуса, Кој што можел да му го исцели слугата, со само едно Негово Слово. Иако тој бил стотник во Римската Империја, тој се понизил себеси и ја покажал волјата да му се покори на Исуса во целост. Поради тие причини, тој го примил одговорот на своето барање.

Во Матеј 8:13, Исус му кажал на стотникот, "И Исус му рече на стотникот, 'Оди си; ќе ти биде онака, како што си верувал.' И слугата негов оздраве во истиот миг," и слугата во истиот миг го примил исцелувањето. Кога Исус проговорил со изворниот глас, веднаш стигнал одговорот којшто ги надминувал просторот и времето, токму онака, како што верувал стотникот.

Моќните дела што ги надминуваат времето и просторот

Псалм 19:4 во вториот дел гласи, "...гласот нивни се рашири по целата земја, а зборовите нивни, до крајот на вселената..." (NRSV) Како што се кажува, изворниот глас, што произлегува од устата на Исуса, можел да досегне до крајот на вселената, а силата Божја можела да се манифестира, надминувајќи го универзумот, без разлика на физичкото растојание.

Исто така, кога еднаш ќе се огласи изворниот глас, тој го надминува и времето. Затоа, иако по некое време, Словото се исполнува кога нашиот сад е спремен да го прими одговорот.

Па така, голем број на дела на силата Божја, коишто го надминуваат времето и просторот, се случуваат во црквата.

Во 1999-та година, едно Пакистанско девојче дојде кај мене, носејќи ја фотографијата на својата мала сестричка, по име Синтија. Во тоа време, Синтија била на смртна постела поради стеснување на дебелото црево и целијачната болест.

Лекарот рекол дека постојат многу мали шанси таа да преживее, дури и по извршената операција. Во таквата ситуација, постарата нејзина сестра дојде кај мене, носејќи ја нејзината фотографија, за да ја прими мојата молитва за неа. Од моментот кога се помолив за неа, Синтија почна многу бргу да се опоравува, додека целосно не оздрави.

Во октомври 2003, жената на пасторот помошник во нашата црква дојде кај мене, за да ја прими мојата молитва врз сликата на нејзиниот брат. Нејзиниот брат имаше проблеми со намалување на бројот на тромбоцитите во крвта. Тој гледал крв и при мокрење, и при одење по голема нужда, и во очите, носот и во устата. Крвта исто така му отиде и во белите дробови и во внатрешните органи. Едноставно само ја исчекувал смртта. Но, кога јас се помолив за него, положувајќи ги рацете мои врз неговата фотографија, бројот на тромбоцитите во крвта многу брзо се врати во нормала, и тој во целост закрепна.

Ваквите дела, коишто го надминуваат времето и просторот, многу се случуваа за време на крстоносниот поход во Русија, кој што се одржа во Санкт Петербург, во ноември 2003. Крстоносниот поход се пренесуваше преку 12 сателити, до повеќе од 150 земји, низ цела Русија, Европа, Азија, Северна и Латинска Америка. Во преносот учествуваа и Индија, Филипините, Автралија, Соединетите Американски Држави, Хондурас и Перу. Исто така, Во истиот момент, симултано се одвиваа состаноци во 4 други градови во Русија, и во Киев, Украина, коишто беа прикажани на друг екран.

Луѓето, било да беа присутни на овие состаноци или да ги гледаа на телевизија дома, оние кои што ја слушаа пораката и ја примија молитвата со вера, беа благословени со исцелувањето во истиот момент, и затоа ни ги пратија своите сведоштва преку електронската пошта. Иако не беа во истиот физички простор, кога се огласи изворниот глас, тој делуваше и кај нив исто така, бидејќи беа заедно со нас во духовниот простор.

Само ако ја поседувате вистинската вера и волја да му се покорите на Словото Божјо, ако ги покажете вистинските дела на љубовта, како што тоа го направил стотникот, и ако верувате во силата на Бога, Кој што делува надминувајќи ги времето и просторот, тогаш и вие ќе можете да живеете благословен живот, примајќи ги одговорите на сите ваши молитви.

За време на Двоседмичните Продолжени Специјални Оживувачки Состаноци, кои се одржуваа во текот на 12 години, од 1993 до 2004, луѓето беа исцелувани од најразлични болести и ги примија решенијата на најразличните проблеми во животот. Други пак беа поведени кон патот на спасението. Сепак, Бог направи да ги запреме овие оживувачки состаноци по оној во 2004. Тоа се случи заради уште поголем скок напред.

Бог ми дозволи да почнам со новите духовни студии и почна да ми ги објаснува различните димензии од духовниот свет. Во почетокот не можев да сватам што значи тоа. Ми се јавија сосем нови термини, исто така. Но, јас едноставно се покорив и почнав да ги учам, верувајќи дека еден ден ќе ги сватам.

Пред околу 30 години, јас ја примив силата од Бога, преку безбројните молитви и пост, што Му ги нудев уште од времето кога станав пастор. Ги трпев екстремно топлите или студени услови во текот на 10, 21, 40 денови пост и молитва кон Бога.

Но духовните студии што Бог ми ги даде, беа неспоредливо поболно искуство од сите други напори коишто ги преземав. Морав да се обидам да ги сватам сите тие нешта, за коишто никогаш порано немав чуено, и морав да се молам исто како Јаков кај реката Јавок, сè додека не ги сватив.

Понатаму, јас морам да страдам и од различни психички проблеми на моето тело. Исто како што и еден астронаут мора да помине низ голем тренинг, за да може да го прилагоди животот во вселената, почнаа да се случуваат различни нешта во моето тело, и јас ја достигнав димензијата кон којашто ме водеше Бог.

Но, јас успеав да го надминам секој од тие моменти со мојата љубов и вера во Бога, така што наскоро се здобив со духовни знаења во врска со изворот на Богот Отецот, за законот на љубовта и правдата, како и за многу други нешта.

Како дополнение, колку поблиску се доближував до димензијата што Бог сакаше да ја достигнам, толку повеќе почнаа да ми се случуваат моќните дела Божји. Брзината со којашто членовите на црквата почнаа да ги примаат благословите стана могу голема, исто како и брзината со којашто се случуваа божествените исцелувања. Секој ден се случуваа сè повеќе чудеса.

Бог сака да го исполни Своето провидение кон крајот на времето, преку најголемата и најмоќна сила, што човекот не може ниту да ја замисли. Поради оваа причина, Тој ми ја даде оваа сила, за да може да се изврши изградбата на Големото Светилиште, коешто ќе биде барката на спасението, што ќе ја прогласи славата на Бога, и Евангелието ќе биде вратено во Израел.

Навистина е тешко да се проповеда Евангелието во државата Израел. Тие не дозволуваат Христијански собири таму. Сето тоа може да биде извршено единствено преку огромната сила Божја, којашто може да го стресе светот, а должноста на нашата црква е да го проповеда Евангелието во Израел.

Се надевам дека и вие ќе сватите дека наближува времето кога Бог ќе ги заврши сите Свои планови за крајот, и убаво ќе се облечете себеси, како невести на Господа. Делувајќи на тој начин сè добро ќе ви оди во животот, а душите ќе ви напредуваат.

Примери од Библијата - 3

Силата на Бога, Кој што ги поседува Четвртите Небеса

Четвртите Небеса претставуваат простор којшто е ексклузивно наменет за изворниот Бог. Тоа е просторот за Светото Тројство, и таму е сè можно. Нештата се создаваат од ништо. Ако Бог посака нешто во срцето Свое, тоа веднаш се случува. Дури и цврстите објекти можат лесно да се претворат во течност или гас. Просторот којшто ги има таквите карактеристики, се нарекува 'просторот на четвртата димензија'.

Делата што го користат овој духовен простор на четвртата димензија ги вклучуваат делата на создавањето, контролирањето на животот и смртта, и исцелувачките и другите дела, коишто ги надминуваат времето и просторот. Силата на Бога, Кој што ги поседува Четвртите Небеса, се манифестира денес, како да е вчера.

1. Делата на создавањето

Делата на создавањето се користат за создавање нешта за прв пат, што никогаш порано не постоеле. Тоа се делата на создавањето, како кога Бог ги создал Небесата и Земјата, и сите нешта коишто се во нив, уште од самиот почеток, само со Своето Слово. Бог може да ги покаже делата на создавањето, бидејќи Ги поседува Четвртите Небеса.

Делата на создавањето манифестирани преку Исуса

Менувањето на водата во вино, опишано во Јован, глава 2, претставува дело на создавањето. Исус бил поканет на свадбена свеченост, каде што со време се потрошило сето вино.
Марија се сожалила заради таквата ситуација, и Го замолила Исуса за помош. Исус во почетокот одбил да го стори тоа, но Марија сепак ја имала верата, дека тоа ќе се случи. Таа верувала дека Исус ќе му помогне на домаќинот на свеченоста.
Исус ја земал во предвид совршената Мариина вера, и им кажал на слугите да ги наполнат садовите за вода со вода, и да му ги дадат на слугата којшто служел. Тој не се молел, ниту заповедал водата да стане вино. Тој само го посакал тоа во Своето срце, и водата којашто била во шест садови за вода, веднаш се

претворила во висококвалитетно вино.

Делата на создавањето манифестирани преку Илија

Случајот со вдовицата од Сарепта, којшто е опишан во 1 Кралеви, глава 17, ни кажува дека таа била во многу тешка ситуација. Поради долгата суша, почнало да ѝ снемува храна, а сѐ што имала за јадење, било само малку брашно и масло за јадење.
Но Илија ѝ кажал да испече леб и да му го даде, кажувајќи ѝ, "Затоа што вака вели ГОСПОД, Израелевиот Бог, 'Нема да снема брашно во садот, ниту ќе се испразни врчвата со маслото, сѐ додека ГОСПОД не пушти да падне дожд на земјата'" (1 Кралеви 17:14). Вдовицата ѝ се покорила на заповедта кажана од страна на Илија, без да се жали и негодува.
Како резултат на сето тоа, таа и Илија и целото нејзино домаќинство, можеле да јадат долг низ денови, а садот за брашното и врчвата за масло, никогаш не се празнеле (1 Кралеви 17:15-16). Тука, малата количина брашно и масло кои не секнувале, укажува на делото на создавањето, коешто се случило кај неа.

Делата на создавањето манифестирани преку Мојсеја

Во Исход 15:22-23, можеме да прочитаме дека Синовите Израелеви го поминале Црвеното Море и се нашле во пустината. Поминале три дена, но тие не можеле да најдат вода за пиење. Тие нашле вода за пиење кај местото наречено Мера, но таа била горчлива и непитка. Затоа, почнале гласно да негодуваат.
Тогаш Мојсие Му се помолил на Бога, и Бог му покажал едно дрво. Штом Мојсеј го фрлил тоа дрво во водата, таа станала слатка и питка. Таквото нешто не се должи на елементите коишто се наоѓале во дрвото, и коишто би можеле да ја тргнат горчливоста од неа. Преку таквото нешто Бог го покажал делото на создавањето, коешто се манифестирало преку верата и покорноста на Мојсеја.

Местото каде што е слатката вода во Муан

Црквата Муан Манмин ги доживува делата на создавањето

Бог сеуште, дури и денес, ни ги покажува Своите дела на создавањето. Слатката и питка вода кај Муан, е едно од таквите дела. На 4-ти март 2000, јас се помолив во Сеул, за солената вода од бунарот на Црквата Муан Манмин стане слатка и питка, а следниот ден, членовите на црквата потврдија дека молитвата добила одговор, на 5-ти март, 2000.

Црквата Муан Манмин е опкружена со море, и во нивниот бунар се наоѓала само солена вода. Тие биле принудени да се снабдуваат со вода преку цевка, којашто ја носела водата од едно место на 3 km одалеченост. Тоа им создаваше доста проблеми.

Членовите на Црквата Муан Манмин се присетија на случката кај Мера, опишана во книгата на Исходот, и ме замолија да се помолам со вера, солената вода да стане питка и слатка. За време на мојата 10-дневна молитва во планината, од 21 февруари, јас се молев за Црквата Муан Манмин. Членовите на Црквата Муан Манмин, исто така се молеа и постеа како мене.

За време на мојата молитва во планината, јас се фокусирав на молитвите и на Словото Божјо. Моите напори и верата на членовите од Црквата Муан Манмин ги исполнија условите за правдата Божја, па затоа можеше да се случи делото на созданието, коешто веднаш се манифестираше.

Ако една личност можеше да гледа со своите духовни очи, тогаш ќе биде во можност да го види снопот светлина што излегуваше од престолот на Бога, и се спушташе на цевката што водеше од бунарот, за да може солената вода што поминуваше низ снопот светлина, да се претвори во слатка и питка вода.

Оваа слатка вода од Муан, не само што е питка, туку кога луѓето ја пиеја или ја истураа врз себе со вера, ги добиваа божествените исцелувања и оздравувања, како и одговорите на своите проблеми, во согласност со нивната вера. Постојат безброј сведоштва за таквите дела, произлезени од слатката вода во Муан, па затоа голем број на луѓе од сите страни на светот ја посетуваат Црквата Муан Манмин, со цел да се напијат од неа.

Слатката вода од Муан беше тестирана од страна на Администрацијата за храна и лекови на Соединетите Американски Држави, кои потврдија дека е безбедна за пиење и со многу добар квалитет, според пет категории: минералните фактори, содржината на тешките метали, хемиски остатоци, реакција на кожата, и токсичноста, преку експериментите изведени на глодарите. Таа е посебно богата со минерали, а содржината на калциумот во неа е три пати поголема од онаа кај другите води, како на пример на познатата минерална вода од Франција и на онаа од Германија.

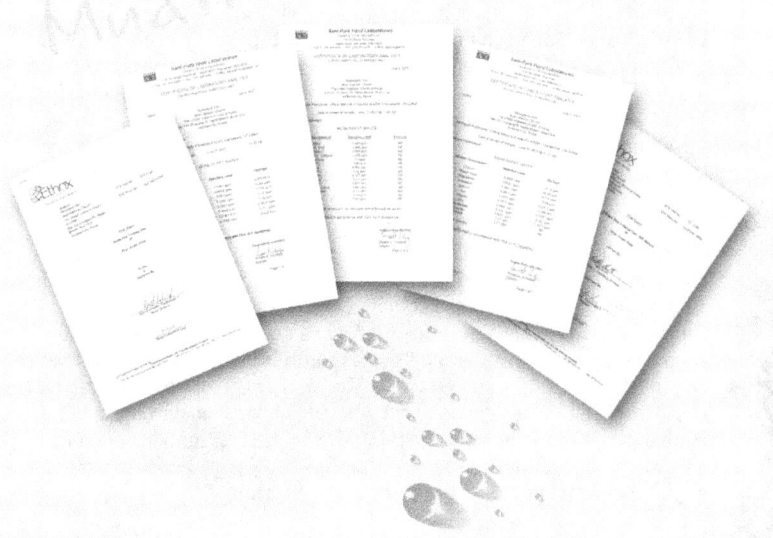

Тест резултати на FDA (Администрација за храна и лекови)

2. Контролирање на животот

Во просторот на четвртата димензија, којшто ги има карактеристиките на Четвртите Небеса, понекогаш мртвите можат да бидат вратени во живот, или живите да умрат, исто така. Тоа се однесува на сето што во себе има живот, било да се тоа растенија или животни. Таков бил случајот со стапот на Арона, којшто се расцутил. Тој бил покриен со просторот од четвртата димензија, па во рок од еден ден, сувиот стап се расцутил и пуштил пупки, се расцветал и дал плод во зрели бадеми. Во Матеј 21:19, Исус му кажал на дрвото на смоквата, коешто немало плодови, "отсега да нема плод од тебе довека." И во еден миг дрвото се исушило. Тоа исто така било направено преку просторот на четвртата димензија, којшто го прекрил дрвото.

Во Јован 11, можеме да прочитаме како Исус го оживува Лазара, кој што веќе четири дена бил мртов, и веќе оддавал многу лоша миризба од своето тело. Во случајот на Лазара, не само што морало да се врати неговата душа, туку исто така и телото, коешто веќе почнало да се распаѓа. Таквото нешто е физички невозможно тука на овој свет, но неговото тело можело за миг да се обнови, во просторот на четвртата димензија.

Во Централната Манмин Црква, еден брат по име Кеонви Парк целосно го изгуби видот на едното око, но потоа пак прогледа на истото. Тој се подложил на операција на катаракта, уште кога имал три години. По операцијата му се случиле многу компликации, и тој почнал да страда од сериозен увеитис и одвојување на мрежницата. Ако се одвои мрежницата, личноста веќе не може правилно да гледа. Понатаму, тој исто така страдаше и од фтизис булби, што всушност е намалено и нефункционално око. Конечно, во 2006 тој во целост го изгуби видот на своето лево око.

Но во јули 2007, преку мојата молитва, тој повторно се здоби со својот вид. Левото око, на кое тој не можеше ниту да насети светлина, потоа стана со сосем нормален вид. Смалените очни јаболка исто така се здобија со нормална големина.

Видот на десното око исто така му беше лош, па по молитвата од 0.1 во скалата, му се подобри на 0.9. Неговото сведоштво, придружено со сите болнички документи, беше претставено на 5тата Конференција на меѓународните Христијански Лекари одржана во Норвешка. На конференцијата присуствуваа 220 професионалци од полето на медицината, од 41 земја. Случајот беше избран за најинтересен од сите кои беа таму презентирани.

Истото може да се случи и со другите органи и нерви. Иако нервите или ќелиите се мртви, тие можат повторно да станат нормални, ако просторот на четвртата димензија ги прекрие.

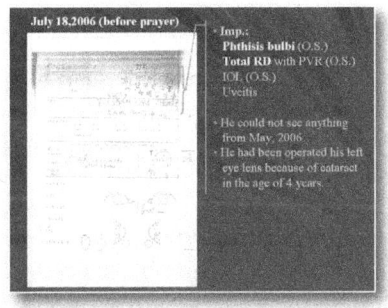

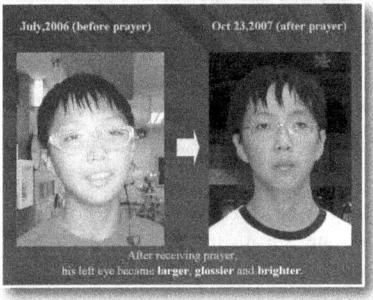

Случајот на Кеонви Парк, претставен на 5тата WCDN Конференција

Физичките недостатоци исто така можат да бидат исцелени, ако бидат прекриени со просторот на четвртата димензија. Некои други болести, коишто се предизвикани од страна на бактерии или вируси, као што се СИДАТА, туберкулозата, настинката, или треската, исто така можат да бидат излекувани во просторот на четвртата димензија.

Во таквите случаи, огнот на Светиот Дух се спушта и ги гори бактериите или вирусите. Оштетените органи можат да се регенерираат во просторот на Четвртите Небеса, и да се здобијат со целосно исцелување. Дури и проблемот со неплодноста, каде што некој орган претставува проблем заради тоа, во четвртата димензија може да се среди, па луѓето можат да добијат пород. За да можеме да се здобиеме со исцелувањето и оздравувањето преку силата на Бога, во просторот на четвртата димензија, мораме да ги исполнуваме условите на правдата Божја.

3. Делата што ги надминуваат времето и просторот

Моќните дела што се случуваат во просторот на четвртата димензија, се манифестираат со надминување на времето и просторот. Тоа е така, бидејќи просторот на четвртата димензија ги содржи, и ги надминува сите простори од другите димензии. Псалм 19:4 гласи, "...каде што нема да се чуе нивниот глас. Гласот нивни се рашири по целата земја, а зборовите нивни, до крајот на вселената..." (NRSV) Тоа означува дека Словото Божјо, коешто пребива во Четвртите Небеса, ќе достигне до крајот на вселената.

Дури и двете точки, коишто во Првите Небеса, физичкиот свет, се наоѓаат на голема далечина, се наоѓаат една до друга според концептот на просторот од четвртата димензија. Светлината патува околу Земјата, седум и пол пати во секунда. Но светлината на силата на Бога, може да го достигне дури и крајот на универзумот во само еден миг. Затоа, раздалеченоста во физичкиот свет нема никакво значење, ниту претставува ограничување во просторот на четвртата димензија.

Во Матеј, глава 8, стотникот Го замолил Исуса да му го исцели слугата. Исус кажал дека ќе дојде во неговата куќа, но стотникот рекол, "Господи, не сум достоен за да влезеш под мојот покрив, туку само кажи збор, и мојот слуга ќе биде исцелен." Па затоа Исус рекол, "Оди си; ќе ти биде онака, како што си верувал." И слугата бил излекуван во истиот миг.

Поради тоа што Исус го поседувал просторот на Четвртите Небеса, болниот слуга, кој што се наоѓал на далечно место, во еден миг бил излекуван со заповедта искажана од страна на Исуса. Стотникот примил толку голем благослов, бидејќи ја искажал својата совршена вера во Исуса. Исус исто така ја пофалил верата на стотникот, кажувајќи, "Вистина ви велам, кај никого во Израел не најдов толку голема вера."

Дури и денес, на оние чеда кои што се соединети со Бога преку својата совршена вера, Бог им ги покажува делата на силата, што ги надминуваат времето и просторот.

Госпоѓата Синтија од Пакистан, беше на умирање од целијачна болест. Лисјаните во Израел умирале од некаква вирусна инфекција. Но сите тие се здобиле со исцелување, преку силата на молитвата, што ги надминува времето и просторот. Роберт Џонсон од Соединетите Американски Држави, исто така го примил исцелувањето преку молитвата којашто ги надминува времето и просторот. Неговата Ахилова тетива беше пукната и тој не можеше да оди, поради страшната болка којашто ја чувствуваше. Без било каков медицински третман, тој во целост се опорави, преку силата на само една молитва, којашто го надминува времето и просторот. Тоа е делото на силата, коешто се манифестира во просторот на четвртата димензија.

Извонредните, неверојатни нешта, што се случуваа преку шамивчињата, претставуваат исто така дела каде што се надминува времето и просторот. Дури и по некое време, ако сопственикот на шамивчето е исправен пред очите на Бога, моќта содржана во него, нема да исчезна. Шамивчето на коешто е искажана соодветната молитва е мошне скапоцено нешто, затоа што може да го отвори просторот на четвртата димензија, било каде во светот.

Ако некоја личност го употреби шамивчето на безбожен начин, без воопшто вера, тогаш делата Божји нема да се случат. Значи дека не е потребно само тој што се помолил над шамивчето да биде исправен пред Бога, туку мора исто така и оној за кого што е наменета молитвата, да биде личност која е во согласност со правдата. Таа мора, без воопшто сомнеж, да верува дека шамивчето во себе ја содржи силата на Бога.

Во духовниот свет, сите нешта се случуваат точно и прецизно според правдата. Затоа верата на личноста која што ја нуди молитвата и на личноста за која што се моли, прецизно се мери, за да може делата Божји да се манифестираат соодветно на тоа.

4. Користење на Духовниот простор

Исус Навин 10:13 гласи, "...И сонцето застана среде небото, и не се помрдна цел дел." Тоа се случило кога Исус Навин водел битка против Аморитите, додека ја освојувале земјата Ханаанска. Како е можно времето да запре, и да стои околу пола ден во Првите Небеса? Еден ден е временскиот период којшто е потребен Земјата да изврши една ротација околу својата оска. Затоа, да се запре времето, треба да се запре и ротацијата на Земјата, исто така. Но ако се случи да запре земјината ротација, тоа би предизвикало катастрофален ефект не само на Земјата како планета, туку и на другите небесни тела. Па како тогаш може да се запре времето за скоро цел ден?

Тоа е можно затоа што, не само Земјата, туку и сите нешта во Првите Небеса, припаѓаат на текот на духовниот свет. Текот на времето во Вторите Небеса е многу побрзо од она на Првите Небеса, а текот на времето во Третите Небеса е побрзо од она на Вторите Небеса. Но текот на времето во Четвртите Небеса може да биде или побрзо или побавно од она во другите Небеса. Со други зборови кажано, текот на времето во Четвртите Небеса може слободно да варира, во зависност од намерата на Бога, и на она што Тој го посакува во Своето срце. Тој може да го продолжи, скрати или запре текот на времето, како што ќе посака.

Во случајот со Исус Навин, целите Први Небеса биле покриени со просторот од Четвртите Небеса, и времето било продолжено онолку колку што било потребно. Можеме да видиме во Библијата уште еден случај, каде што текот на времето бил скратен. Тоа бил случајот кога Илија можел да трча побрзо од кочијата на кралот, опишан во 1 Кралеви, глава 18.

Скратениот тек на времето е во спротивност од оној кога се продолжува. Илија трчал со својата сопствена брзина, но бидејќи случајот се одвивал во скратен временски период, тој можел да трча побрзо од кочијата на кралот. Делата на создавањето, оживувањето на мртвите, и делата што ги надминуваат времето и просторот, се случуваат кога текот на времето ќе запре. Затоа во физичкиот свет, одредени дела веднаш се случуваат по заповедта или по искажаната желба во срцето.

Ајде да погледнеме на случајот што наликувал на 'телепортација' на Филип, во Дела, глава 8. Тој бил воден од страна на Светиот Дух, да го сретне Етиопискиот скопеник на патот, кога се спуштал од Ерусалим до Газа. Филип му го проповедал Евангелието на Исуса Христа и го крстил со водата до која дошле. Потоа, Филип одненадеж се појавил во градот наречен Азот. Тоа наликувало на чинот на 'телепортација'.

За да може чинот на телепортација да се случи, личноста мора да помина низ духовниот премин што се формира во просторот на четвртата димензија, којшто ги има карактеристиките на Четвртите Небеса. Во тој премин, текот на времето е запрен, па затоа човекот може во еден миг да се најде на некое друго место.

Ако можеме да го користиме овој духовен премин, тогаш ќе можеме да ги контролираме и временските прилики, исто така. На пример, да претпоставиме дека постојат две места, каде што во едното луѓето страдаат од суша, а во другото од поплави. Ако дождот од местото каде што има поплави може да биде испратен до местото каде што има суша, проблемот на двете места би бил решен. Дури и тајфуните или ураганите можат да се преместат преку духовниот премин до места коишто не се населени, за да не им предизвикуваат проблеми на луѓето. Ако успееме да го користиме духовниот простор, тогаш ќе можеме да ги контролираме не само тајфуните, туку и вулканските ерупции и земјотресите. Тоа би се случило затоа што би го прекриле вулканот или изворот на земјотресот, со духовниот простор.

Но сите тие нешта стануваат можни само тогаш, кога се соодветни според правдата на Бога. На пример, за да се запре некоја природна катастрофа, којашто би имала влијание на целата нација, соодветно би било водачите на земјата да побараат молитва за тоа. Исто така, иако духовниот простор ќе се формира, сепак нема да можеме да одиме против правдата на Првите Небеса, во целост. Ефектите на духовниот простор ќе бидат ограничени до она ниво, до коешто Првите Небеса не би претрпеле хаос по подигањето на духовниот простор. Бог владее со сите Небеса преку Својата моќ, и Тој е Богот на љубовта и правдата.

(Крај)

Автор:
Др. Џерок Ли

Др. Џерок Ли бил роден во Муан, Провинција Јеоннам,, Република Кореја, во 1943 година. Додека бил во своите дваесети години, Др. Ли страдал од најразлични, неизлечиви болести, во текот на седум години, па ја чекал смртта, немајќи надеж за закрепнување. Сепак, еден ден во пролетта од 1974 тој бил поведен во црква од страна на својата сестра, па кога клекнал да се помоли, живиот Бог веднаш го излекувал од сите негови болести.

Од моментот кога го сретнал живиот Бог, преку тоа прекрасно искуство, Др. Ли искрено го сакал Бога со сето свое срце, и во 1978 бил повикан да стане слуга Божји. Тој ревносно се молел, низ небројни молитви придружени со пост, за да може јасно да ја разбере волјата на Бога, во целост да ја исполни и да му се покори на Словото Божјо. Во 1982, тој ја основал Централната Манмин Црква во Сеул, Кореја, па безброј дела на Божјата сила, вклучувајќи ги тука и чудесните излекувања и исцелувања, знаците и чудесата, се случуваат во црквата од тогаш.

Во 1986, Др. Ли бил ракоположен за пастор на Годишното Собрание на Исусовата Сунгиул Црква од Кореја, за четири години подоцна, во 1990, неговите проповеди да почнат да се емитуваат во Австралија, Русија и на Филипините. Во текот на краток временски период, уште поголем број на земји бил достигнат низ Емитувачката Компанија на Далечниот Исток, па низ Емитувачката Станица на Азија, и низ Вашингтонскиот Христијански Радио Систем.

Три години подоцна, во 1993, Централната Манмин Црква била избрана како една од "Врвните Светски 50 Цркви" од страна на Христијанскиот Светски Магазин (САД) и го примил Почесниот Докторат на Божественоста, од Христијанскиот Верски Колеџ, Флорида, САД, а во 1996 ја примил својата докторска титула во Теолошкиот Семинар на Свештенствувањето од Кингсвеј, Ајова, САД.

Од 1993, Др. Ли го предводи процесот на светската евангелизација, низ многу прекуморски крстоносни походи, во Танзанија, Аргентина, Лос Ангелес, Балтимор Сити, Хаваи и Њујорк Сити во САД, Уганда, Јапонија, Пакистан, Кенија, Филипини, Хондурас, Индија, Русија, Германија, Перу, Демократска Република Конго, Израел и Естонија.

Во 2002 тој бил признаен за "светски преродбеник" поради своите моќни свештенствувања во различните прекуморски крстоносни походи, од страна на главните Христијански весници во Кореја. Особено се истакнува 'Њујоршкиот Крстоносен Поход во 2006' одржан во Медисон Сквер Гарден, најпознатата арена во светот. Настанот бил емитуван до 220 нации, и на неговиот 'Израелски

Обединет Крстоносен Поход во 2009', одржан во Интернационалниот Собирен Центар (ICC) во Ерусалим, тој храбро објавил дека Исус Христос е Месијата и Спасителот.

Неговите проповеди биле емитувани до 176 нации преку сателитски преноси, вклучувајќи ги ГЦН ТВ и бил наведен како еден од 'Врвните 10 Највлијателни Христијански Водачи' во 2009-та и 2010-та година, од страна на популарниот Руски Христијански Магазин Во Победа и новинската агенција Христијански Телеграф за неговото моќно ТВ свештенствување и прекуморското црквено-пасторско свештенствување.

Од декември 2016, Централната Манмин Црква има конгрегација од повеќе од 120 000 членови. Постојат 11 000 ограночни цркви ширум светот, вклучувајќи ги и 56-те домашни ограночни цркви, а повеќе од 102 мисии биле воспоставени во 23 земји, вклучувајќи ги тука и Соединетите Држави, Русија, Германија, Канада, Јапонија, Кина, Франција, Индија, Кенија и многу други, до сега.

До денот на објавувањето на оваа книга, Др. Ли има напишано 105 книги, вклучувајќи ги и бестселерите Доживувањето на Вечниот Живот пред Смртта, Мојот живот, Мојата вера I & II, Пораката на Крстот, Мерката на верата, Небеса I & II, Пекол, Разбуди се Израеле!, и Силата на Бога. Неговите дела биле преведени на повеќе од 76 јазици.

Неговите Христијански колумни се појавуваат во The Hankook Ilbo, The JoongAng Daily, The Chosun Ilbo, The Dong-A Ilbo, The Munhwa Ilbo, The Seoul Shinmun, The Kyunghyang Shinmun, The Korea Economic Daily, The Korea Herald, The Shisa News, и The Christian Press.

Др. Ли во моментот е водач на многу мисионерски организации и асоцијации. Други позиции кои ги има се следните: Претседавач, Обединетата Света Црква на Исуса Христа; Претседател, Светската Мисија на Манмин; Постојан Претседател, Здружение на Светската Христијанска Преродбена Мисија; Основач & Претседател на одборот, Глобалната Христијанска Мрежа (GCN); Основач & Претседател на одборот, Светската Христијанска Лекарска Мрежа (WCDN); и Основач & Претседател на одборот, Манмин Интернационална Семинарија (MIS).

Други моќни книги од истиот автор

Небеса I & II

Детален нацрт на прекрасната животна средина во која живеат жителите на рајот и прекрасни описи на различните нивоа на небесните царства.

Пораката на Крстот

Моќна освестувачка порака за будење на сите луѓе кои што се духовно заспани! Во оваа книга ќе прочитате за причината зошто Исус е единствениот Спасител и за вистинската љубов на Бога.

Пекол

Искрена порака до целото човештво од Бога, Кој што посакува ниту една душа да не падне во длабочините на Пеколот! Ќе откриете никогаш порано –откриено прикажување на суровата реалност на Долниот Ад и Пеколот.

Дух, Душа и Тяло I & II

Преку духовното разбирање за духот, душата и телото, кои што се компонентите на луѓето, читателите ќе можат да погледнат во своето 'себе' и да се здобијат со увид за самиот живот.

Мерката на Верата

Какво живеалиште, круна и награди се подготвени за вас во Рајот? Оваа книга обилува со мудрост и водство за вас да ја измерите вашата вера и да ја култивирате најдобрата и зрела вера.

Разбудениот Израел

Зошто Бог внимана на Израел од почетокот на светот до денешен ден? Каков вид на Негово Провидение е подготвено за Израел во последните денови, кои што го исчекуваат Месијата?

Мојот Живот, Мојата Вера I & II

Најмирисна духовна арома извлечена од животот кој што цветал со една неспоредлива љубов за Бога, во средина на темните бранови, студеното ропство и најдлабокио очај.

Моќта на Бога

Четиво што мора да се прочита и што служи како основен прирачник со кој што некој може да ја стекне вистинска вера и да ја искуси прекрасната сила на Бога.

www.urimbooks.com

www.ingramcontent.com/pod-product-compliance
Lightning Source LLC
LaVergne TN
LVHW021821060526
838201LV00058B/3462